THE TOP 50

MANAGEMENT DILEMMAS

FAST SOLUTIONS TO EVERYDAY CHALLENGES

50大管理难题解决方案

[美] 索娜·谢拉特 Sona Sherratt [英] 罗杰·德尔夫斯 Roger Delves

中国青年出版社
CHINA YOUTH PRESS
中青文传媒

图书在版编目(CIP)数据

50大管理难题解决方案 /（美）谢拉特，（英）德尔夫斯著；汪建军译.
—北京 : 中国青年出版社，2014.10
书名原文: The top 50 management dilemmas: Fast solutions to everyday challenges
ISBN 978-7-5153-2824-9
Ⅰ. ①5··· Ⅱ. ①谢··· ②德··· ③汪··· Ⅲ. ①企业管理 Ⅳ. ①F270
中国版本图书馆CIP数据核字（2014）第228006号

50大管理难题解决方案

卓越教师网

作　　者：〔美〕索娜·谢拉特　〔英〕罗杰·德尔夫斯
译　　者：汪建军
策划编辑：庞冰心
责任编辑：胡莉萍
美术编辑：李　甦
出　　版：中国青年出版社
发　　行：北京中青文文化传媒有限公司
电　　话：010-65511270/65516873
公司网址：www.cyb.com.cn
购书网址：zqwts.tmall.com　www.diyijie.com
制　　作：中青文制作中心
印　　刷：北京中科印刷有限公司
版　　次：2015年1月第1版
印　　次：2016年1月第2次印刷
开　　本：880×1230　1/32
字　　数：150千字
印　　张：7.5
京权图字：01-2014-1635
书　　号：ISBN 978-7-5153-2824-9
定　　价：39.00元

The TOP 50 Managemengt Dilemmas

目录 contents

前言

管理者们都曾碰到这样的情形，突然在某个地方卡了壳，却怎么也找不到突破的思路。本书要解决的正是这些棘手的问题：为管理者提供清晰的思路，帮助他们找到正确的方向。

在过去的十年里，我们的生活越来越精简，人与人之间的交流内容也越来越简短。以前，我们花时间写信，现在则逐步过渡到写邮件、发短信和发微博，我们期待得到即刻回复。

与此相比，商业界却比以往任何时候都要复杂和扑朔迷离，管理者需要在更短的时间内对不同的观点和建议做出判断。但是，他们通常工作繁忙，日程紧张，不可能花大量时间去查阅几百本书之后再下决定，他们需要的是马上就能帮助解决问题的答案或思路。

在阿什里奇商学院[1]，经常有管理者向我们咨询。他们觉得自己陷入了困局，需要一些好的建议来激发他们思考，帮助他们走出困境。本书正好符合管理者们这样的需求，书中的观点对管理者们解决日常管理难题来说非常重要。换言之，只要每天花5分钟阅读几页内容，你就会找到一些能有效推进事情发展的清晰思路。同时，本书也提供了许多实践性的观念，能够帮助管理者树立信心。

遇到员工抗拒或懒惰等状况，很多管理者固执地反复使用相同的方法来解决问题。例如，命令或者劝说的方法已经完全失效，但管理者还是坚持不变。这本书将为你的管理守则增添全新的工具，当你坚守的某一方法不奏效时，尝试使用本书提供的新方法，就能有针对性地解决问题。

当然，本书的各章节名称和管理难题的选择都带有个人倾向，它们都是基于我们在阿什里奇商学院工作中的心得体会而整理出来的，包括我们同参与者在开发公开课程、定制课程和资格证书课程过程中的耳闻目睹，在培训客户开展具有实战性、有利于团队和个人工作生活的研讨会过程中的所有见闻。所以，即使你选择了不同的词语和描述方式，我们真心希望这些内容将为你提供有益而实用的建议。

---

① 阿什里奇商学院：全球为数不多的经三大主要教育监管机构（AMBA、EQUIS和AACSB）认证的商学院之一，其量身定制的高级管理课程连续多年被《金融时报》评为英国第一，世界前十五名。在过去三年间，根据《经济学家》排名，阿什里奇商学院MBA毕业生的薪资增长一直位居世界之首。

我们也有可能忽略了某一类难题，而你正被那类难题折磨得焦头烂额。我们希望，通过仔细研读这本书，你自己能举一反三，从中找到一些可以采用的建议来处理并解决你的特殊难题。

在此，我们对过去几年里在阿什里奇教学期间遇到的所有人以及我们的同事深表感激，正是他们促使我们不断学习与进步。我们曾认真倾听过他们的建议并从中获益匪浅，希望这本书像他们帮助我们一样能给你们提供帮助。

第一章

员工层面的难题

团队由个人组成，从个人层面管理好团队并解决个人带来的难题正是管理者有能力的标志。如果管理者感觉难以应对此类难题，本章各节里的建议对他们来说就非常宝贵。

Challenges with individuals Part 1

最常见的管理难题通常与团队中个人的需求相关，这些个人需求之所以会变成管理难题，原因在于管理者宁愿解决和工作任务相关的问题，也不愿处理一些有关自我认知或照顾他人感受的问题。

成功的管理者既能意识到这些问题，也有能力解决它们。不管是个人缺乏动力、缺乏信心或者是个人能力不足，这些都是团队或组织沉重的负担。作为管理者，如果你没能意识到这个问题或者不能有效解决它，那么，如果绩效下滑，你要和员工一样承担责任。一旦上级发现你未能处理好这些问题，他们就会对你感到失望，而这将对你的职业发展带来负面影响，因此，尽力弄明白哪些事情该做以及如何做很重要，也很值得。

同样，现代管理者也不能逃避缺乏道德、不尊重团队文化或团队的做事方式等难题。只要管理者迅速意识到问题，团队和企业也建立了相应的文化，并且能找出这些问题的根源所在，那么，你就能更好地解决这些难题，团队的绩效自然而然也会得到优化。

每位管理者还必须有能力与员工就棘手的问题进行交流，不管是员工出现了个人变动，或者他们需要得到企业的关注，还是他们做了不可接受的或进行了破坏性的行为，你都必须能够开启那些具有挑战性的交流，或者当问题反映到你这里时，你要能够对其做出积极的回应。再次说明，做不到这些就表明你缺乏核心的管理技能。

缺乏动力

你发现，有一位下属看起来似乎动力不足，你担心这不仅会影响他自己的绩效，而且如果置之不理，还会影响团队其他成员。

首先，想一想：

第一个要考虑的问题是，这位下属是团队或企业的新成员，还是以前动力十足的老员工。

如果是团队新成员：

• 新成员有没有很好地融入团队？团队有没有暂停手头工作去欢迎新成员？有没有一套合适的机制帮助新人更好地融入企业？是否新成员取代的是一位颇受欢迎的老同事？

• 你对新成员了解如何？比如，你是否知道他/她的价值观和生活状况？

• 你了解过员工的职业规划吗？对于你的相关举措，他们是当作机会还是倍感压力？对他们而言，工作与生活的平衡和职业发展相比，孰轻孰重？

● 他是否理解并接受企业的发展愿景，是否知道融入企业的途径？是否清楚团队的目标以及自己应该为此做出哪些贡献？

● 这有没有可能是由于多元化而引起的问题？

如果这位下属不是新成员，但之前工作很积极：

● 他的工作是不是发生了某种改变？比如，是否有新的工作职责或有新队员需要他照顾？他是不是错过了升职的机会，或者错过了团队中某个特别的角色或者重要的项目？

● 首先，你需要确定队员自身的改变是不是导致动力缺失的根源，然后，预测这种改变对他个人产生的影响可能是短期的还是长期的。

● 企业最近有没有经历一些重大变动，比如合并、收购或者结构或流程层面有什么重大举措？为减轻这些改变给他们带来的影响，你可以做什么？

● 有没有什么机会让他们重新找回自己的角色或者能否让他们做一些特别的事来重新点燃工作激情？

行动思路

如果是团队新成员，你可以这样做。

确认他们没有受到排挤

查看一些显而易见的事实，比如年龄、性别、民族和文化背景等，确认新队员是否可能因为其中某一个因素而感觉自己怪异或被孤立。不要忘记多元化有很多不同的微妙形式，性取向、宗教信仰、政治立场、出于根深蒂固的文化背景而产生的行为、弹性工作或兼职工作以及在职母亲等这些因素都可能是导致团队不和谐的根源。此外，人们有时可能有强烈的工作偏好，团队也会遵循自己的惯例。任何多元化的形式都会导致团队内部产生冲突。作为管理者，你的职责是为员工营造一种包容性的文化氛围，让队员能够尊重彼此，不要因为差异而排斥他人。

帮助他们找到团队归属感

由于团队里的关系网已经形成，新成员要融入既定的团队往往很困难。新成员的加入可能促使团队的方向或焦点发生重大变动，因而被视作威胁，你需要制订一个计划帮助新人融入团队。有关团队建设方面的书有很多，企业里的人力资源部也会提供实际的支持。通常来说，人与人之间越是互相了解，他们就越能形成更好的关系，在一起工作也会表现得更好。

帮助队员互相了解

如果某个项目比较复杂而且历时较长，你首先应该花时间帮助队员真正相互了解。当团队里的每个人都接受了其他人的兴趣、价值观、态度以及偏好，他们就会彼此欣赏并相互理解。特别是有新人加入既定的团队后，建立团队关系的做法定有回报。

欣赏差异

你也要清楚新成员的生活状况和境遇，他的生活状况可能产生怎样的时间需求，会对团队产生怎样的影响。对于偶尔需要加班等例外状况，可以提前和他商定好应对办法。

如果新成员的态度与团队精神不相适应，冲突也会产生，新成员自身和整个团队的动力都很可能受此影响。为避免此类冲突，你可以带领新成员回顾团队的章程和绩效标准，并取得他们遵守这些章程和标准的承诺。要按照特定的方式工作自然会产生压力，所以，队员的工作量一定要适度，工作成果必须受到重视。举个例子，员工由于车程时间的限制不得不在下午4点就从单位往家里赶，但他可以在乘车期间通过电话与同事保持联系，或者晚上在家里加班来完成剩余的工作。

明确他们的角色

要取得高绩效，员工必须清楚并理解团队的发展愿景和目标。如果你觉得新员工没有完全明白自己的角色，或者不了解其角色对实现团队或企业目标何等重要，首先就要解决这个问题。

所有团队都会在“我们这儿的做事方式”基础之上形成一种特有的文化。如果团队文化是外向型的，而新队员属内向型，他就有可能感觉不适应，动力自然会受影响。如果你怀疑确有此事，可以考虑请人力资源部利用团队心理测量工具疏导成员，帮助他们欣赏并尊重新队员给团队带来的技能和做事方法。

如果出问题的是老队员，他越来越消极懈怠，你可以考虑采取以下措施。

弄清楚问题根源

与他畅谈沟通，弄明白究竟是什么事情导致他失去了动力。你可能需要和他商定一个行动或发展计划来解决他所面临的困难，从而让他找回动力。

他们的精力是否分散了

你要考虑该队员是不是受到了某种变化的影响。发生重大的个人转变，有些人能够完美处理好而丝毫不受其影响，但有些人则不行。这样的转变大多是消极的，但即使是积极的转变，比如结婚或生子，也会导致个人不能专心工作，因为他们的部分精力被工作以外的事情消磨了。

他们是否无法应对变化

现代企业中的变化速度越来越快，人们总是疲于应对技术更新、企业结构改变和流程变革等各种变化，更可怕的是，这些变化往往是同时发生的。当员工发现应对变化非常困难——事实上很多人都发现的确如此，他们可能会望而却步，动力大不如前。你的职责是让他们感受到你的倾听与理解，在精神上支持他们并教以必要的新技能，确保他们有能力应对变化。

他们是否沉溺于过去

有时候，人们愿意沉溺于昔日的美好而拒绝改变，尤其当这种改变是强加的，他们的反对就更加强烈。你需要再次同他们进行开诚布公的交流，找到动力不足的真正原因。对此，你要清楚使用哪些人事政策给他们提供帮助，比如，允许弹性工作和短期兼职，或者实行雇员援助计划等，都有助于他们渡过难关。

重新唤醒他们的责任感

管理者可能常常忘记一点：一千个读者，就会有一千个哈姆雷特，虽然他们自己可能对现有的工作状况非常满意，但并非团队里的每个人都持有相同的感受。人们可能因为在工作岗位上待得太久，或者意识到自己的职业发展前途无望，而倍感枯燥无聊。他们在日常琐事中不断挣扎，每天上班如同行尸走肉，纯粹为了打发日子。这时候管理者必须向员工强调保持企业所要求的最基本责任和工作效率不能动摇。倘若仍旧不奏效，你可能需要做出艰难的抉择：继续留着他还是放弃他？

缺乏信心

你的一位下属看起来似乎对自身缺乏信心，他不愿接受你认为和他们能力水平相当的任务，甚至不愿积极参加小组讨论。

首先，想一想：

- 你是否对这位下属有充分的了解才做出这样的判断？你和他的关系属于哪一种？如果他是新成员，你对他的过去了解多少？
- 他是最近才出现这种状况的还是一直如此？如果是最近才有的变化，是不是因为发生了什么事？是团队构成发生了变化，还是他们的工作职责发生了改变？企业结构或者流程是不是发生了重大变更？你是否怀疑或知道工作之外发生了什么事？
- 信心对他目前的职责来说是否非常重要？对未来的发展是否也是如此？缺乏信心对你或对他而言会不会成为一种障碍？
- 最后，你在团队里营造了怎样的文化氛围？这种文化是有利于培养个人信心还是会削弱个人信心？

行动思路

信心的表现方式男女有别

值得注意的是，女性常常会自内而外思考问题，而男性则往往由外向内查看问题。因此出现问题时，女性更有可能先从自身寻找原因，而男性会首先审视外部局势，以求寻得问题的根源，无果之后才从自身寻找原因。这并非说女性缺乏信心而男性就自信满满，但的确也说明了男性和女性表现信心的方式有所不同。

让他认识到自身问题

你应该向对方解释清楚他自身哪些行为在你看来不够自信，以及这些行为给团队带来了什么影响。有时候人们不愿承认自身的问题，甚至意识不到自己的问题。

创造“顿悟瞬间”

如果只是没有意识到自己信心不足，那么只要你稍加提醒，他们就会突然顿悟。我们在阿什里奇商学院教学期间常听人们说，给信心不足的人慎重地提出相关的反馈，他们就会感受到建议的正确，进而真诚地改变自己的行为。一旦你们双方都认同问题需要解决，你就可以进一步伸出援手，帮助他找到信心不足的根源：或许是他能力不够，例如缺乏专业技术能力、组织流程掌握能力、法规掌握能力、对市场动态了解不足等，也有可能是他自己感觉某方面缺乏信心，例如缺乏自尊、无法应对复杂的团队局势、不懂人际交往技巧、不能驾驭企业文化等。在技能不足方面，你可以帮助他寻找内外部合适的机会去加以提高，而寻找发展机会时一定要积极创新。

创造内部与外部机会

外部机会包括参加技能工作坊、外调进修、参加行动学习小组或考取兼职资格证等。有的行业也成立了一些比较活跃的协会组织或标杆管理[①]小组，这些也是外部机会。通常，利益相关的企业，比如客户与顾客等，都乐意提供在职实习或短期实习工作，这些都可用来提升个人技能。

内部机会包括为新成员安排一位专家来传授经验、找一名导师[②]指导他填补专业知识的漏洞、提供岗位轮换的机会让他充分了解自己工作的不同方面以及提供一个“专家搭档”与他谈谈各种问题，交流各种想法。

然而，如果信心不足源于他们的自我认知等，你就需要采取不同的策略。比如，可以给他们配备一个教练员，让他们参加自我发展课程或者做一份心理测量问卷来给出反馈。有些人喜欢通过读书来充电学习，认为接受别人的书籍推荐会很有帮助。在很多时候，个人或许从你为他们宽限任务完成时间这一点上就能获益匪浅。

建立信心

信心这种东西转瞬即逝，脆弱无比。可能有些改变在你看来不大重要，它却使正在经受这种改变的人丧失信心。角色变化、产假结束返回工作岗位、人际冲突和企业结构的变动等看起来好像都不算是挑战，但每一点都会轻易地影响到亲历者，甚或使他

① 标杆管理：一种通过和本企业最大的竞争者或者行业的领导者做比较，对自身产品、服务、流程、行动和方法进行持续评价的方法。

② 导师：组织中富有经验的、生产率较高的资深员工对经验不足的员工进行指导，这样的指导者就是导师。在很多企业中，所有的高端领导者在升职前都需要更高级的管理者作为自己的导师，同时各高管也有义务来带领下级的领导者。

们丧失信心。

想一想你是否创造了高绩效文化[1]，从而给员工应对艰难挑战提供了大力的支持。这种高绩效文化必须是积极持续的，不能经常改变，才能激发出员工的信心。如果你已经说明将来的目标是什么，那就必须兑现承诺。大量的证据表明，相对于积极的反馈，人们更容易接受并记住消极的反馈。因此，你需要给员工们提供更具体、更正面的反馈，并且注意在什么时候用何种方式给出消极的反馈比较恰当。

勇敢面对员工的拒绝

如果该员工不愿承认你所指出的问题，你就需要考虑更多事情或采取更多措施。

有些员工不承认自身的问题，认为能够很好地进行自我管理，不会影响到别人，他们可能是在暗示说自己高度自信，只是天生喜欢安静和沉默寡言。在这里，我们需要区分外显的信心和虽然安静但自傲的信心。在这个过程中，切记不要根据自己的行为偏好去判断别人。

信心满满但个性独立的人可能给团队带来不和谐的因素，而他本人对此却毫不知情。针对他因此造成的消极影响，你需要探索双方都能接受的具体方法，促使他发挥所长，为团队做出贡献。

---

① 高绩效文化：强烈追求优异绩效、强烈渴望胜利的文化。

如果他性格内向并且需要思考时间，那么你要确保把议程和相关文件等东西提前发给团队，找一个公正的第三方（经双方协商一致且这个人是你们都尊敬的人）来进行观察并给予反馈，是个不错的主意。

总是拒绝反馈

团队里有队员总是拒绝接受别人给出的建议，认为那些反馈信息毫无道理可言。你认为有必要让他明白那些反馈是有用的，并希望他能改变那些既影响自己绩效也影响他人工作的不当行为。

首先，想一想：

很多原因都可以解释为什么有人会拒绝反馈，首要的一步就是思考其中的原因。

- 你和他的关系怎样？他是否尊重你？你们私下里是否有来往？
- 他很有自知还是缺乏自知？他以前是不是缺乏同理心或者惹怒过别人？他是不是更关心怎样完成一项任务，表达自己的心声，而漠视其他人或者不关心怎样跟其他人合作等问题？
- 你又是怎样的人呢？你是否有高度的自我认识，能够欣赏不同人的不同风格？
- 你是否了解员工们以前得到过怎样的反馈？

- 企业或者团队内部是不是发生了什么变化？有没有什么原因促使他们变得不安，怀有抵触情绪？
- 一次给出的反馈是不是太多或太突然？你是否知道他喜欢怎样的反馈方式？
- 有没有可能反馈信息本身是错误的，或者被他误解了？

行动思路

如果问题源于缺乏自知

你可以从人们的很多行为中看出来他们不擅长接收他人的反馈信息，比如缺乏倾听能力、明显的自负、戒备心强以及缺乏同理心等，所有这些问题都可能是个人缺乏自知所致。

反馈是提供给接收者的相关信息

反馈信息是提供给接收者的，但也跟提出者有着莫大的关系，这就意味着提供反馈是一项重大的挑战，因为我们通常是根据自己的人生观、价值体系和生活经历给别人提出意见的。因此，首先意识到自己的行事风格，确保不会仅仅因为别人做事方式的不同而横加指责，这一点在提出反馈时非常重要。接不接收反馈很大程度上因人而异，有人喜欢别人提的反馈并且越多越好，但有人就不大乐意接受别人给出的反馈，除非提出者是自己非常熟悉或者倍加尊重的人。

拒绝反馈可能情有可原

请记住，如果这次的反馈与之前其他人提出的反馈互相矛盾，员工就会有理有据地予以驳斥。然而，经过持续的观察，你认为这名员工就是缺乏自知，那么作为管理者的你责无旁贷地要帮助他更好地了解自己。不妨建议他做一份心理测量问卷并给出专业的反馈，或者将定期的问卷调查作为职业发展工具鼓励他多次使用。

企业环境的关键作用

想一想企业的环境氛围：在有些企业里，反馈是企业文化中很盛行的一部分，而在其他一些企业里，可能到一年一度的绩效考核时才难得有一次反馈。要记住，人与人、企业与企业都不尽相同：有的更加正式和保守，有的比较随意与开放。有些个人和企业更为谨慎，而其他的则更加直接。做反馈之前谨记这些差异，会提高反馈的质量和被接收的可能性。也就是说，提出反馈信息时一定要考虑具体的接收者和企业文化。

用灵活的方式争取最佳结果

谨记以上所有差异以及反馈的性质，让自己提出反馈的方式灵活多变。如果反馈事件的性质不是很严重，可以选择非正式或即席的方式给他人提出意见，比如在吃午饭时或者在工作场所以外的地方进行。当然，如果性质非常严重，可能需要在与之相符的正式环境中向接收者提出反馈。

为了降低反馈被拒绝的可能性，你需要记住五个要素：平衡性、有根据、客观性、具体性和及时性。反馈的内容应该同时包含赞扬之词与有建设性的批评意见，两者要兼顾平衡。不要把第三方的评论作为反馈的内容，这样你的反馈可能与事实不符，对接收者并不公平，如果他们直接反驳你的错误信息，就会让你处于不利的位置，任何努力将付诸东流。因此，具体实在且有理有据，是提高接收度的关键所在。同时，在事情发生几周之后再做反馈对你和团队的意义都不大，因为其影响力和相关性早已消失殆尽。当然，管理者的工作日程本来就非常紧张，要抽时间定期给予下属反馈往往非常困难，但如果能做好这一点，它就会成为提高绩效和营造积极文化的强有力工具。

尤为值得一提的是，如果在做反馈方面有一些固定的模式，提出者和接收者都会因此受益。这里提供一些有用的模式，你可以根据自己和接收者的具体情况选择性使用，也可在拟定反馈阶段由此基础上发展出新的模式。

“停止—开始—继续”模式：为了解决问题，被反馈者应该停止做什么事、开始做什么事以及继续做什么事？一定要让他们停止做他们认为应该保持的具有积极意义的行为。

“行为—后果—感受—未来”模式：总结有害的行为及其给团队带来的后果，进一步弄清楚你对它们持有怎样的态度以及你希望未来有什么变化。

“例子—效果—改变”模式：举一个有害行为的具体例子，阐述其影响，建议员工做出改变以解决问题。

提出问题和告知一样有效

假如你推测某位员工可能拒绝你的反馈意见，那不妨在开始谈话时先问对方一个问题，而不要直接陈述自己的观点。有时候提出问题是促成思想交流的好方式，特别是员工比较沉默寡言、过于警惕或者在人际交流方面有困难的话，这一方法就特别管用。漏斗式提问[①]就是一个鲜明的例证：先用开放式问题打开话题，获取信息，然后提出探究式问题，进一步搞清楚细节，最后使用封闭式问题，确认交流取得的成果。

反馈对高绩效团队建设至关重要，其关键在于要培养一种团队文化，让队员对反馈习以为常，不会因为要和领导谈话而大惊小怪。鼓励队员经常坦诚地交流有助于建立一种良好的团队氛围，队员因此能够敞开心扉，各抒己见，这反过来又会帮助团队做出更有质量的决定，并能鼓励队员信任大家共同做出的决定。

能力不足

你发现团队中有个别队员的能力达不到你的期望，因此对他的工作是否能达到职位要求的水准持怀疑态度。

---

① 漏斗式提问：在提问时，把泛指的问题放在特定问题之前，这种方法叫作漏斗法。

首先，想一想：

这里要考虑的是这位队员是新员工还是之前能胜任工作的老员工。如果问题不出在他身上，那么是不是因为你刚刚加入团队，自己对那位听说工作很出色的员工的表现不满。

如果此人是团队新成员，你可能需要思考以下几点。

- 你有没有适当地予以支持以帮助他快速做出业绩？
- 这种能力不足的问题是不是预料之外的事情？在员工遴选过程中有没有讨论或（和）评估过他们的能力？
- 你可以在多短的时间内解决这个问题？现在能不能给他进行技能培训？

如果此人是团队里的老员工并且之前能胜任工作，你可能需要考虑以下几点。

- 他的工作角色是不是发生了变化？是不是受到某些方面（你自己或企业方面）强加的影响，其工作领域或合作对象有所改变？
- 他的个人生活是不是发生了什么变化？是不是什么事情发生了变化，导致他对企业或者团队的态度发生了改变？

如果是你刚刚加入团队，你发现那位传说中能力很强的员工实际上并非如此，你可能需要考虑：

- 他如何看待你的任命？
- 他如何看待自己未来的发展？

- 你的工作标准和前任管理者的标准相比如何？
- 你是否了解此人在企业中过去的经历？

行动思路

新人需要特殊照顾

新成员可能需要几周甚至几个月才能完全适应刚加入的团队或企业，由于需要了解自己的工作角色、企业文化、业务性质以及有关的利益相关者，所以在适应新角色过程中，他们有可能在短时间内表现得不尽如人意。毕竟作为新员工，有大量的信息需要消化吸收，这个过程很痛苦，而我们度过后却很容易忘记。

团队中应该有系统性的指导计划帮助队员获得相关的工作能力。合适的话，你的指导计划可以允许有能力的老员工参加，如果该角色与其他部门有所接触，也可以允许其他部门的员工参与进来，这样，新员工也能理解其他部门员工的角色和他们工作的侧重点。

如果你没有参与员工的选任过程，就需要尽力找到有关该员工在面试或评估过程中的所有资料，全面了解该员工的主要特长以及不足分别是什么。针对他的不足，你需要制订一个行动计划来加以弥补，这个计划可能包括企业内部技能培训、外部培训、导师指导或实行“两人同伙制”等。然而，如果该员工能力严重不足，你最需要考虑的可能就是延长他的试用期。

老员工也需要不同的特殊照顾

无论是工作方面还是个人生活状况发生变化，员工的专业能力必须保持在一定的水平。尽管企业或个人方面的变化引起个人行为短期的变化是可以接受的，但作为管理者，无论如何，你都不能允许个人专业能力下降。无须为员工短期的行为变化过分担忧，但你必须要快速行动以改变绩效下降的局面。

注意观察态度的转变

态度的变化对绩效的影响在一段时间之后才会显现出来，当你发现有员工绩效下降时，通常你应该去观察他对你、对他的工作职责或者对企业的态度是否发生了转变。解决不了他的态度问题，你就不能改善他的绩效。

如果你是新人，需要另当别论

如果你新加入某个团队，发现按照自己的标准，有的员工表现并不佳，就需要考虑以下问题。如果此人一直想得到你的职位，他对于你的任职感到生气甚至灰心丧气，可能就会有意或无意地妨碍你的工作。你一定要约他过来心平气和地谈一谈，消除他的心病。要让他明白，不管他对你的任职有何看法，绝不能影响到他自己的绩效。

如果你的任职影响了他对自己职业发展的看法，解决办法同上。你可以也应该处理好他这样的担忧，你要指出，未来的职业发展是和工作绩效挂钩的，大多数企业都是如此。因此，不管他主观感受如何，都必须按照企业要求的标准去工作，这关乎到他的切身利益，也关系到管理者甚或整个团队、企业的利益。

反思自己的标准是否合理

想一想你自己的志向抱负和你对自己、对别人的期望。你给自己设定的标准和给别人设定的标准是密切相关的。你设定的工作能力评判标准是不是太高了？想一下，即便该员工的绩效有提升的空间，你也要考虑是否给他提升绩效设定了合理的时间表。

你要认识到该员工以前在组织中的全面表现如何，包括隐形表现与显性特征。如果他的表现一贯是比较积极的评价，你在计划给他提出反馈意见的时候一定要把这一点考虑进去。

帮助员工挖掘潜能

作为管理者，你有责任帮助每位员工将他们的潜能开发出来，用一句话来说，你的角色就是开发他们的能力。同时，你还有责任让绩效标准保持在适当的水平，因为一个团队的短处决定了其整体的实际能力。然而，要维持这种平衡是非常困难的。或许企业的人力资源部可以发挥其功能帮助你培养员工，或者帮你辞退那些没有达到也达不到企业要求标准的员工。切忌用单一、静止的眼光来看待这个问题。有时候个人发展跟不上企业发展的步伐，同一个人在企业规模很小的时候是明星员工，但等企业发展壮大后，他就可能成为企业的累赘。要记住的一点是，当不得不辞退一位员工时，你应该好话好说。

行为不道德

你认为有一个下属的行为从职业角度来看是很不道德的，你不知道这到底是怎么一回事，而担心它会给团队的名誉带来不好的影响。

首先，想一想：

道德和道德行为有很多不同的定义。为契合本书的目的，我们把道德定义为“约束我们行为的规则”，我们同样可以使用诸如“价值标准”或“原则”来表达同样的意思。使用怎样的词语并不重要，重点是聚焦眼下发生的行为。

- 这种行为是不是明显违背了规则？是违背了你自己的标准还是企业的标准？是不是抵触了国家的文化规范？你所认为的违规行为在当事人的国家文化中是否可以接受？
- 此行为是不是出于紧急的业务需要而不得已为之？当事人是不是可能认为此行为对业务最为有益？
- 你能不能确定自己是担忧行为本身而不是针对此人本身？你对自己有多诚实？
- 你对此行为的反应与企业里其他大多数人的反应是否一样？企业之外的人是否也赞同你的观点？
- 你是否确信自己对企业和员工了如指掌，因而认为他人也会认同你的观点？

• 你是否确信自己正确地理解了所看到的行为？你是否掌握了你需要的所有事实？

• 你是否了解挑战此类行为会产生的影响，有没有准备好接受那样的后果？

行动思路

违反规则与违背价值标准

你首先必须思考此行为是违反了企业的规则还是违背了你个人的价值标准，两者可能兼而有之。

以下的例子是违反企业规则的行为（可能也违背了你的价值标准）。

• 洗钱
• 伪造支出项目
• 上班时间办私事
• 贿赂顾客
• 收礼和接受款待

以下的例子是违背价值标准的行为（也可能违背了企业规则）。

• 威压或欺凌
• 撒谎、欺骗
• 办公设备挪作私用

- 差别待遇、性别歧视、年龄歧视
- 亵渎言语

文化孕育行为也约束行为

每个国家和企业都有不同的文化规范，这些文化规范支配、约束我们的日常行为。当同一家企业在其他许多不同国家开展业务时，它就会发现每个国家都存在不同的文化规范。当某国文化规范与在其国内开展业务的企业或在那里工作的员工的价值标准或规则相冲突时，挑战和难题就会产生。比如，在世界某些地方，贿赂是可以接受的，但在其他一些地方就不被允许。

业务需要可能挑战规则或价值标准

另一个挑战是出于业务需要，员工可能违背规则或价值标准。例如，如果高管不全是男性，一份大合同最后就很有可能竹篮打水一场空。

弄清楚到底是什么触犯了你以及为什么会触犯你，这一点真的非常重要。这个问题很复杂，也比较模糊不清，其中的各个利益相关者对此可能持不同意见。处理道德方面的难题，找到对你既有利也公平的解决方案是非常重要的。如果你和企业战线统一，并且都清楚什么可以做、什么不可以做以及如果做错了将付出什么代价，那么，找到完美的解决方案就变得轻而易举了。

如果你和企业的观点不一致，那么你看起来可能就是惹出麻烦的人，而你的做法就是多管闲事。同样，倘若你自己对是非判断没有深思熟虑，就可能面临以下风险。

- 忽略当前局势，因此背负“有预谋”或“软弱”的骂名；
- 轻松解决你认为最有把握的那部分问题；
- 解决了问题，但是方式不恰当，结果很糟糕；
- 开始采取行动，事情变得困难复杂就放弃。

当务之急是要设法彻底弄清楚眼前的处境，盲目采取的任何行动都有可能被误解而最终不了了之。询问你信任的同事或朋友，看看他们对你的观点有什么看法，这始终是个不错的主意。这些不道德行为处理起来非常棘手，但你所采取的行动能得到他人的赞同，这无疑是一个莫大的精神支柱。

追求自身利益通常是核心原因

在思考你所担心的不道德行为时，当事人的自身利益非常值得探究，这有助于你理解他们的行为，进而可以帮助你找到解决办法。对于违规情节比较轻微的事件，你可以选择用非正式的方式。即便如此，也要谨记从当事人如实坦诚的回答入手去处理这个问题。一些正式的场合比如在会议上，你听到的可能就是更加深思熟虑的反驳。

如果违规情节更加严重的话，在弄清楚事情的真相之后，你应该向他人征求意见，至少要向一位企业内部资深人力资源专家和一位你尊重的顾问寻求帮助。你首先要确定的是，这两个人是否也认为此行为违反了企业规则或指导原则。如果你要深究此事，他们两人能否一直给予你支持。处理不道德行为问题的要求较高，过程较困难，所以你不能低估所需要的物质支持和精神支持。

另外一种可能是，你不能接受的行为只违背了你的而非企业的道德感，在这种情况下，你需要做出更加艰难的决定：是按照自己的是非观还是企业的是非观去处理此事？

揭发告密可能是孤独的抉择

新闻界关于揭发告密的案例数不胜数。如果决定揭发某个人或某个企业，你应该做好万全准备，因为你面临的将是长期而艰难的历程，还有可能以失败告终。这并不是说，面对道德违规行为不应该采取行动，只是你应该做好迎接暴风雨的准备。

当这类行为公诸于世，它们可能给团队造成一定的影响，你需要花时间和团队一起修复所受到的任何伤害，腾出更多精力来和受此影响的团队成员进行交流与沟通。

表里不一地对待你

团队里有队员看似尊重你，但实际上有人向你报告，这个人在背地里做出了不尊重你的行为，这种行为影响队员甚至影响整个团队。这种情况尤其难以处理，因为你并没有亲眼所见，只是通过第三方的报告得知而已。

首先，想一想：

- 这是不是代表此人的行为发生了变化？如果是，你能不能把它和其他特别的事件或事实联系起来？
- 此类行为是不是只针对你一个人？有没有可能事出有因，比如因为你的领导方式或人格问题？在这方面你有没有做出恰当的榜样？人们是不是认为你惯于人前一套人后一套？
- 你在团队里营造的文化氛围怎样，是不是诚实、透明、真实？
- 你是否相信这次报告？有没有更多的人证实这样的反馈？
- 从更宏观的角度来看，是不是和办公室政治[①]、企业变革或者个人抱负相关？
- 着手解决或者置之不理，都会产生什么样的后果？

行动思路

了解行为动机

对领导的不敬行为常常是其他事情的征兆，只单单处理不敬的行为并不会解决潜在的问题。正如企业管理的其他许多方面一样，真正了解队员是非常关键的，你应该能够直觉性地发现团队

① 办公室政治：属政治行为，出现于办公室、学校及职场内的人事及利益的斗争。是永远都会存在的问题，由野心无限、资源有限、文化差异，组织内部之间利益不平衡、利益冲突等引起。

中的细微变化。另一个挑战是不敬行为有很多表现形式，比如，员工可能：

- 在背后诽谤你；
- 把你的劳动成果或想法归功于他自己；
- 暗中破坏你的决定；
- 质疑你的判断；
- 表面同意行动方针，实际不断拖延进度；
- 处理客户、顾客或同事相关事宜时超越职权。

不要树立错误的榜样

你有没有可能无意中给团队释放了这样的信号：当面一套背后一套是没问题的？更进一步说，员工们不敬的言论有没有可能是真的？领导们常常忘记自己的一言一行都被员工看在眼里，记在心中，他们的任何行为都会被视为团队中可接受的行为。正如一个比喻所说，“塔灯光芒四射，照耀数里之外，雾笛声音嘹亮，四周皆可听闻”，领导者的榜样行为常常会被放大。

在客观冷静地审视了自己的行为之后，你判断或许此人正是在模仿你的行为，或者你听到的报告里的确有可信之处。这个时候，你首先要改变自己的行为，然后再去解决那个人的问题，如果仍然无济于事，你才需要采用更加直接的方式。

确信之后再采取行动

第二个挑战是要判断你得到的反馈报告是否可信。在做反馈方面有一个基本准则：反馈要由观察者向被观察者提出。如果你向被观察者提的反馈是根据第三者的观察而提出的，那么观察者和被观察者之间就会产生冲突。同时，你向被观察者提出的反馈并没有基于你的亲眼所见，对方就会很容易予以反驳，而面对否认和质疑时，你的信息也很难站得住脚。

要解决这个问题，一定要设法亲自观察其行为。例如，某人报告说员工A在客户面前总是爱与人争辩，那么你务必要参加几次有该员工在场的客户会议，亲自看看当事人到底是如何表现的，然后再想对策解决问题。

如果有些事情你难以亲自观察，比如听说有人在背后议论你，你首先要做的就是确定你对所得到的反馈报告有几分信任。一般来说，越多的人给出相同的反馈，并且你越信任提供者，你就越感觉确有其事。

在这种情况下，你有两个选择。你可以邀请一两位向你提供反馈的员工以及当事人与你当面协商。这次会议必定会很艰难，为了不让所有人因此感到有失公允，你需要高超的协调技巧。另外一个选择是，你可以先征求提供者的意见，看他们是否乐意你在和当事人一同参加的会议中提及他们的名字作为证据。如果同意，你需要在会议中给出有力的细节来讨论，最理想的状况是这些细节来自一个以上的提供者。

不敬行为的问题必须得到解决，如果不解决，不仅会鼓动其他员工效仿，还会危害整个团队。

从源头上解决问题，不要只管眼前的影响

在处理眼前问题的同时，一定要挖掘背后的深层原因，不敬行为往往是潜在问题的表现。在开会处理之前，你要思考这行为背后存在着什么潜在的原因，是不是谣传有什么人事变动或企业变革？

团队新成员（特别是有经验的新成员）往往发现很难不把现在的团队和团队领导与过去的做比较。新成员可能是带着遗憾和失落进入你团队的，所以会批评你或者你的团队。只有彼此都能正确面对这种失落感，你们才能继续前行。

可能该员工之前接触的团队文化的确比现在的好，这会极大地激励你重新评估并改变现有的团队文化。同样，该员工这样的行为方式可能就是他之前的团队文化所造成的，那么，你就需要强调不同团队之间文化的不同。多思考，理解可能存在的潜在原因，能够有利于你最好地帮助他们改变行为。

个人意图或政治动机可能是诱因

不敬行为可能是出于政治动机，该员工暗中诋毁你或你的职位是不是有什么利益可图？把有利于自己的政治活动扩散开来会让团队快速分裂，所以你必须直截了当、坚定有力地解决这样的问题。

一个人的不敬行为不及时解决只会默许整个团队都做出不敬

的行为，这种有负面效应的行为会传染，并且会愈演愈烈。

如果这种情况只出现在你一个人身上，你就需要弄清楚你是不受人尊重还是不被人喜欢。在一个成功的团队里，你或许能忍受与那些不喜欢你的人共事，却很难与那些不尊重你的人相处。想一想一个优秀的足球队：你是否愿意传球给你不喜欢的人？答案一定是“有可能”，但你是否愿意传球给一个你不尊重其能力的人？很有可能是“不”。

要求专业，寻求尊重

如果团队里的确有人不尊重你，你应该要求他们最起码在工作中保持专业精神。你可能尝试找出原因并加以解决，但首要的是你必须明确他们应该达到的基本要求，公开表示不尊重团队领导是不专业的体现。

不管你如何努力，该员工仍然不可能也不愿意尊重你或你的职位，在很多企业中他可能就会被解雇。至此，你不妨让人力资源部参与此事并采取行动将其从团队中移除出去。

虽优秀但“难伺候”

在你的团队中，有的队员本职工作做得异常出色，但是他爱出风头。他可能主导整个会议，要求过多面对面交流的时间，经常就自己的得意之作或观点侃侃而谈，或者用其他方式占据你大量的时间。

首先，想一想：

- 考虑此行为对你有何影响，对团队有何影响？它会不会波及企业内部或外部的利益相关者？哪些行为必须体谅，如何体谅？该员工是否值得你在他身上花费多余的时间？
- 你认为自己有没有机会改变这种行为？该员工对你采取的行动会有怎样的反应？
- 在团队中，该队员的这种行为是否可以接受？是不是你做了什么事导致该队员认为如此行事是可接受的？
- 企业文化是什么？企业是不是特别看重成果，所以接受这样的员工？
- 其他队员有没有感觉该成员获得特殊待遇？
- 不同人对不同行为的容忍度不同，你的底线是什么？

行动思路

“难伺候”的行为有很多表现形式

例如，员工可能：

- 爱出风头，总是主导整个会议，要求过多面对面交流的时间；
- 忽略“我们在这里的做事方式”或（和）价值标准；
- 擅自做出决定；

- 自己选择何时、如何融入团队；
- 有选择性地遵守团队的规则；
- 亟须精神支持；
- 过度倔强，好争辩。

行动之前的对策思量

决定采取行动之前，你需要考虑三件事。第一，该员工是否值得你采取行动？这不仅仅是需要花时间花精力才能解决的问题，同时还要承担极大的风险：你的行动可能导致该员工索性退出团队，或者因为该员工拒绝改变，你被迫直接要求他离开团队。这样的风险你是否愿意承担？

第二，必须考虑该员工可能对其他队员以及团队文化产生怎样的影响。如果你选择放任自流，就相当于告诉队员，工作成果远远比团队价值标准更加重要，而可能导致的后果你必须全盘接受。

第三，假如该员工的确创造了不菲的成果，你将采取的任何行动是否能获得诸如管理高层等利益相关者的支持？

综合以上三点得出的答案将决定你要采取怎样的行动。

准确、坦诚、准备充分

如果你决定采取行动，要做的第一件事就是给“难伺候”的行为定性并确定你要针对的是哪方面的行为。这类问题很难处理，你必须确认他们的行为已经超过了人们容忍的底线，的确是不能接受的，然后再确定该怎样跟这位员工开口谈这件事。多数情况下，这样的人在被指责时，都会为自己极力辩解。

一定要反思到目前为止自己的所有行为。你是否曾默许此类行为？哪怕是忽略，也意味着默许。你接受此类行为的时间越久，要解决它们也就越难。必须做好充分准备，举出大量具体的例证，行事要坚决果断。“难伺候”的员工关注的往往就是自身，根本意识不到他们给其他队员造成了何种影响。他们只看到自己创造的成果，理所应当地将团队成就归功于自己身上。你必须首先承认他们创造的成果，但也要提醒他们，其不良行为不但没有促进更大的成就，反而成了莫大的阻碍，特别是还给其他队员带来了消极影响。

职业发展的障碍

“难伺候”的员工很少能主动意识到他们的行为将很快成为自己职业发展的障碍，因为管理层几乎不会提拔那些“难伺候”的员工，即便他们工作异常出色。有研究显示，高绩效员工出现职业高原[①]或职业脱轨[②]，并不是因为他们创造的成果不够，而是因为他们总是以自我为中心，过于自私自利。领导和管理的精髓不是追求个人成功，而是倾听他人并通过他人完成任务。这些人很难接受这一点，但如果他们想在未来担任领导者或管理者，你就

① 职业高原：这个概念是由美国心理学家弗朗斯提出的，是指在职业生涯发展中的某一个阶段，个体所能够获得的进一步晋升机会的可能性非常小。
② 职业脱轨：执掌大权的高管在平步青云时突然遭遇重大的职业挫折，甚至不得不辞职收场，使个人与公司蒙受巨大损失。

可以使用这一个最强有力的工具来改变他们的行为。

改变他们的行为

在管理中，面对这样的员工会非常纠结，因为他们的确创造了成果。若是决定采取行动，有能力的管理者会找到很完美的解决方法，而信心相对不足的管理者则会采用阻力最小的方案。阻力最小，也意味着收效甚微，除非你确信自己的行动得不到支持，才能退一步使用这样的方案。

你需要判断此类行为到底是出于不安全感还是出于自负。对于实际上比较自卑的员工，你需要着手帮助他们建立信心。然而，如果该员工自恃过高，你不仅要改变他的不良行为，还要让其他员工都看到你在行动，团队需要知道你不仅发现了此类行为不合时宜并且正在采取措施予以解决。

要改变这些行为可能需要很长时间，因此在解决问题的同时要兼顾处理它们给团队造成的影响，比如说导致队员不和谐，团队气氛差，等等。通常的解决办法是“公开表扬，私下批评”，但眼下该问题已经在影响着团队成员，它就像“房间里的大象”①，你想对它视而不见，但它就在那里，是你的心头大患，甚至可能破坏团队的士气。

即便是这样的情形，你最多也只能承认存在的问题，并声明

① 房间里的大象：指显而易见，但是因为禁忌或者怕引起尴尬而被忽略的问题、方法或有争议的话题。

正在着力解决，但不能泄露与该员工交流的具体细节。不管你怎样做，你一定要让该员工相信，他“难伺候”的行为在未来一定会产生负面的影响。

解决这样的问题有很多办法，比如阻止他们打断会议的行为，要求他们遵守团队既定的规则等。你必须找到威慑力足够大的惩罚措施，迫使该员工改变那些不被广泛接受的行为。最后，将该员工从团队或企业里开除是终极惩罚，万不得已时可以考虑。

个人变动影响绩效

某位团队成员出现了比较重大的变故，同时也给他的业务绩效造成了负面影响。该员工似乎心烦意乱，不能全身心投入工作，这反过来又影响了高绩效团队的整体能力。

首先，想一想：

- 你对该员工了解多少？他进入你的团队有多长时间了？
- 关于个人私事，该员工对你和其他队员是否坦诚相见？此类个人变动问题是工作之内还是工作之外的？这种状态持续多久了？近期能不能结束？
- 此类问题产生的原因能否对症下药加以解决？该员工是需要你的保护、支持和建议，还是任他自我调节？

- 该员工有没有向你寻求帮助？你预测自己能不能提供帮助？他有没有在企业外寻求帮助？是否有必要让人力资源部也参与进来？

- 目前为止，你不得不做出怎样的让步（如果有的话）？这对你或者团队有什么影响？会不会影响绩效？会不会影响团队关系？会对其他队员造成怎样的影响？

- 可不可以对此置之不管？

行动思路

以恰当的方式了解该员工

如果你不能回答上面的所有问题，那么你首要的工作是尝试更多地了解该员工、了解他的个人变动以及此问题给团队带来的影响。

如果问题是由员工身体健康方面造成的，你必须引导他向适当的企业支助系统求助，但不要试图做能力之外的事情。有时候，团队领导出于好意帮助一位有价值的队员，但结果可能适得其反。

影响个人变动的行为必须处理

是什么事让你注意到这个问题？找一个非正式的场合，坐下来向该员工说明你观察到的现象。你会发现，如果你能对他的遭遇和他向你寻求帮助的事情保密，他就愿意向你敞开心扉。

倘若这件事对（个人或团队的）绩效有影响，你就必须着手解决。不管过程有多艰难，你必须和该员工坦诚交流，让他意识到自己工作中的某些行为需要调整。你的目标是要确保他的个人变动不再影响他自己的工作，进而不再影响团队或整个业务。在强调“绩效第一，不容下降”的同时，不妨在某些方面放松对他的管理，比如允许他在家办公或一段时间内允许弹性工作时间，会在一定程度上缓解他的压力。

帮助员工应对个人变动

当你感觉某位员工没能全身心投入工作，但他的绩效并没有出现严重的下滑，你也应该决定是尽早介入还是观察一段时间后再介入。何时介入取决于具体的情况以及你与该员工的关系。

如果该员工向你寻求帮助，你是否具备帮助他的适当条件？你愿不愿意提供帮助？有没有能力予以帮助？例如，变动的根源非常私人化，比如刚跟一个同事结束了一段感情，你可能就无法帮忙。或者，你感觉这不是你分内的职责，所以不愿意出面。然而，如果说起因是违背企业价值标准的某种歧视行为，你就别无选择，只能答应帮忙。

该员工向你寻求建议的事情你有可能并不在行，比如，有关离婚程序的法律事宜，你就会觉得有心而无力。处理类似的难题时，你务必清楚了解当事人的境况，并向他们说明你帮或是不帮的理由。

以正当的理由介入

如果当事人并没有向你寻求帮助，但你认为有必要介入此事，你就必须确保这样做是因为对员工有益，而不是仅仅因为你自己的个人缘由。每个人都有保护自己隐私的权利，而作为管理者，你的权利是要处理影响绩效的事情。

管理圈有句话说，优秀的管理者常常觉得自己对每个队员都负有责任。在了解队员方面投入的时间和精力越多，他们就越有可能向你倾诉自己的个人境遇。通常更好的方式是等待员工向你说明他们面临的个人难题，不过，你要确保自己随时有空和他们谈论这种工作以外的话题。

长期变动和短期变动有所不同

如果导致变动的事情有可能持续很长一段时间，比如疾病日益恶化等，你需要和该员工一同制订一个行动计划，甚至需要让人力资源部参与进来，当然这取决于你们企业的内部政策。

如果导致变动的事情短期内可以结束，比如房屋搬迁等，你可能要做出具体的、有时间限制的让步来解决当前难题造成的影响。

不管当事人是否承认自己正在经历一定程度上的变动，作为团队管理者，你要尽可能鼓励其他队员体谅那位员工，比如不要随意询问对方的隐私，不要到处宣扬。

积极的文化最能帮助危急之中的员工

每个团队都会出现此类状况，它也是团队文化最好的试金石。

即便团队中有人面临艰难的个人境遇，而整个团队还能一如既往地支持他并保持高绩效的运转，毫无疑问这就是最好的团队。诸如此类的考验可以帮助管理者探索更具灵活性的团队文化。

棘手的交流

如今的管理者要带领的团队越来越多元化。很多管理者发现，应对棘手的交流极具挑战性，比如有些对话涉及不恰当的办公室恋情、人际冲突、个人卫生或仪容仪表方面、种族或宗教多元化引起的难题以及酗酒、吸毒或抽烟等问题。然而，你必须清醒地认识到，如果你不愿意承担此类交流的重任，你的职业发展可能因此遭遇瓶颈。

首先，想一想：

- 相对于处理个人私事或者人际问题，你是否更擅长于处理员工的绩效问题？
- 在处理相关的问题时，企业的人力资源政策能提供怎样的指导（如果有的话）？
- 该问题给团队或者其他利益相关者带来了怎样的影响？
- 针对你担心的事采取行动，你可能遭遇怎样的反应？
- 你是如何意识到这个问题的？是你自己意识到的，还是在别人的帮助下才意识到的？

- 你是否欣然接受多元化？

行动思路

问题棘手必有原因

如果是与工作相关的实际管理问题，那么交流就比较简单，对于内容更加敏感的交流，很多管理者都选择尽量避免。然而，真正成功的管理者必须擅长开启这样的交流，尽管他们明白可能不会有好结果。因此，你要决定的不是要不要开启这样的交流，而是如何开启这样的交流。

确定是工作问题还是私人问题

- 涉及私人问题的交流内容：该员工与一位客户之间的恋情影响了团队和谐，某队员午餐喝酒的习惯，某位队员着装太暴露，办公室内对同性恋或宗教信仰的不恰当玩笑等。

- 涉及工作相关问题的交流内容：如果这类谈话比较棘手，那就有可能是重大的人际冲突影响了团队的绩效，或者是员工不愿提升自己的专业知识、拒绝加班或者长期上班迟到等。

清晰明了绝对重要

交流越是棘手，你越要弄清楚你要批评的是什么以及你要求当事人采取怎样的行动。这一点重要至极，绝不允许有半点含糊或误解。通常，找一个你信任的顾问来进行指导是很有帮助的。首先你要检查自己的批评是否合理，咨询顾问的意见，他是不是也认为这次交流势在必行？如果同意，借此机会排练一下交流内容。

如果你要处理的问题有相关的人力资源政策，那么交流就会变得相对简单，因为该政策可以给你们的交流提供架构和内容，你要做的就是明确政策的内容以及思考如何把政策应用到实践中。

如果这次交流是基于其他人向你报告的潜在问题，你最应该做的就是核查是否确有其事，只有基于事实采取的行动才是最有效的。

做好准备

你不能期望在开始交流后边想边说，那样承受的压力会很大，特别是在谈论你不熟悉的内容，那就真是“失败的准备就是准备失败”的真实写照。

还有几个细节需要注意：交流时要避免他人在场，任意一方匆忙时不要交流，当你有其他紧急事情要做时不要交流，你已经对该员工发怒或失去耐心时切忌交流。

不要给该员工列一长串的批评意见，据此逐条批评他，这样不仅会分散你想表达的意思，还会损害你的形象，让你看起来像个“挑剔的家长”。

利用开放的文化促成坦诚的交流

根据广泛应用的经验法则①，为团队营造一种文化氛围，让

① 经验法则：又称拇指规则，通常是指单凭经验来做事的方法或原则，较为通用，但并非放之四海而皆准。

每个队员都能经常就团队和个人的优劣势等展开坦诚的交流，这一点非常重要。这样的活动进行得越频繁，团队成员就越擅长此类交流。这反过来意味着，越来越多棘手的话题都可以公开讨论，每次交流所附带的风险和阻力就相对变小，哪怕是面对你这样的管理者，员工也不会过分紧张或焦虑。

吸取经验

仔细回顾一下，在过去一些棘手的交流中你哪方面做得比较好，借由这些经验来建立自己的个人管理风格，以便应对将来遇到的类似交流。在这样的交流中，展示真实的自己非常重要，否则，员工很快就会发现你言行不一，障碍甚或误解就会随之产生。

知己知彼，百战不殆

交流成功关键还有一点，你是否了解交流对象并预测他可能对你所谈的内容有何反应。一定要考虑你对此人了解程度以及还需要了解什么，这样你才会在开始之前就已经胸有成竹。

切忌用个人价值标准代替企业价值标准

这类棘手的交流通常都涉及私人的问题。你必须保护员工的个人隐私，还要确定你的忧虑是否确有其事以及它们是不是需要解决，而这两方面必须兼顾平衡。有时候，员工只是违背了你的价值标准而没有破坏企业的（正式和非正式的）价值标准，这样的事极有可能发生，比如你可能不允许员工内部形成非常紧密的私人关系，但企业并未明文规定不许那样做，那么，始终将企业标准放在首位，是有益于你和员工双方的最好策略。

授权与放手

晋升为管理者通常取决于个人绩效。管理者常常担心，那些给他们带来回报的事情现在需要他们放手了。虽然放手那些为你赢得名声的事情很难，但那也是必要的，因为你将迎接的工作会进一步提高你的名声。另外，授权是非常重要的管理技能，你要清楚哪部分工作你能或者必须让给其他人去做，以帮助他们成长与发展。当然，这样做对于你而言也会障碍重重。

首先，想一想：

• 你为什么升职？是让你以更高水平继续做本职工作，还是让你做其他的事情？你的特殊技能是什么，即促使你获得重视并脱颖而出的是什么？

• 你是否知道团队成员的期望是什么？你怎样做才能帮助他们成长发展从而超越这些期望？

• 你对授权了解多少，对于怎样成功理智地授权，你又知道多少？

• 你过去有什么授权的经历？有没有好的、明智的、成功的授权经验？如果没有，是因为遇到了什么障碍？在将来你会怎样扫除这些障碍？

• 你认为自己对继任管理[①] 的原则和实践了解多少？你曾经有没有从别人详细的企业接班人计划[②] 中获益？

行动思路

授权为你赢得时间

管理者们常常担心自己没有足够的时间开展本职工作以及想做的事情，对他们而言，工作多辛苦、工作多长时间并不重要，重要的是似乎时间永远都不够，而重要但不紧急的事情总是没完没了，因此，管理者总是任务导向型的。解决办法就是授权，因为授权可以给管理者赢得更多的时间。当然，授权过程中也有一些明显的障碍需要去认识并克服，它们有一些是企业方面的，但大多数是个人方面的。

客观评价自己的工作

把你在某个典型的星期里所做的工作整理出来观察一下，这将有助你客观评估自己是如何利用时间的，你还会从中发现并意识到哪些是你特别喜欢做的事情。接着严格要求自己，停止那些不再适合新角色的工作，不管你多么不舍。当然，或许那部分工作你过去做得很好并因此带来了回报，或许它们是你特别喜欢的，

---

① 继任管理：用来识别和培养组织内部的高潜能人才，以填补关键领导岗位或专业岗位的一系列业务流程。

② 企业接班人计划：又称管理继承人计划，是指公司确定和持续追踪关键岗位的高潜能人才，并对这些人才进行开发的过程。

或者你觉得没人能达到你那么高的水平，或者你从此不能再关注那个领域的动态，无论怎样，要放下那部分工作总是很难的。

清楚自己应该做什么

如果企业相关部门没有提供清晰的职务说明书[①]，那么就有必要自己制作一份。你可以与上司、导师和其他任何一位你认为合适的利益相关者讨论你的工作职责，撰写一份职务说明书。没有条理清晰的职务说明书，我们很难决定如何利用时间。一般来说，得到提拔后，你要承担新的责任和挑战。一旦知道员工对你的期望以及你将如何被测评，就要思考自己该怎样调整、改变工作内容以及工作方式，以及谁能帮助你快速转换到新的角色里。

为别人，也为自己的利益而授权

授权的一个重要内容就是把一些事情分给队员去做，这样不仅能提高员工的工作技能，也能让你抽身去做那些重要但不十分紧急的事，比方说，战略性思考等。根据你做的时间表，分类列出以下几个清单：必须自己继续做的事、现在可直接授权给团队去做的事、带领团队6~12个月后能够授权给他们做的事。然后列一份队员名单，标出他们现在的技能水平以及你预测的他们未来的技能水平，将队员和你现在可直接授权的事以及你希望在将来能授权的事配对。这样，对于授权给谁以及何时授权的问题，你

① 职务说明书：也称岗位说明书或工作说明书，是分析人员根据某项职务工作的物质和环境特点，对工作人员必须具备的生理和心理需求进行的详细说明。

就会一目了然。

列一份工作活动表、一份队员技能清单和一份授权事项清单，有助于你在授权内容以及授权对象方面做到客观公正。有一点很重要，不能只把自己工作里那些无聊的、烦人的事情分给队员做，授权不是仅仅对自己有益，更多的是为提升员工的个人技能。

授权是逐步增加的，不是一步到位

要谨记，授权并不是非得把某一任务全部授权给其他人，它是分层次的。你可能发现，团队中某些队员需要你的直接指示和更多指导，源于他们刚接任这项工作、刚参加这个项目或者刚进入企业。你也可能发现，有的队员在你的辅导下能完成所授权的任务，并且获益匪浅。这类队员需要的是训练类的授权，而这一点一般是通过队员提问开放式问题以及你认真倾听才能发现。授权的第二个层次是支持方面的授权：你要随时提供帮助，而所有事项都由你做主，但是团队成员更自由，责任自然也更大。授权的最后一个层次是授权给你完全信任的队员，你认为他们有能力在没有监督的情况下完成任务并且达到要求的水平。

根据我们的经验，授权方面的大多数障碍都来自授权人本身。你不愿停止做自己喜欢做的事，或者你认为授权会让你隐身幕后，因此就会尽量不放手。与其思考为什么不应授权，还不如想想为什么你应该授权。授权可以为你赢得时间，让你从事更有价值的工作，你的名声会越来越大，职业发展越来越有前途。

授权可以帮你评估并提升团队和队员

了解队员的优势以及他们发展的方向有巨大的额外好处，例如，知道这些，你就向接班人计划迈出了重要的一步，因为授权能够协助你评估职场中员工的进步与潜力，从而有益于接班人计划。

强势的员工

团队运转良好有一个重要的因素，即每个成员必须能够发表见解，并且每种观点都能得到尊重。强势的员工会打破这种平衡，喜好安静或沉默寡言的同事要为团队做贡献就变得更加困难。强势的行为通常是无意识的，如果不处理，它将持续存在，丝毫不减。

首先，想一想：

● 你认为自己是否了解什么是强势的行为，如何辨别它们以及它们对团队或小组会产生怎样的影响？

● 你对团队文化是否满意？你认为是否每个人都受到了公平的待遇？如果不是，你对这种不平衡有什么真知灼见？

● 团队中有没有人挑战并制止强势的行为？如果有，是谁？如果强势行为受到挑战，会发生什么事情？

● 谁因为这些强势的人而深受其害？团队因此丢失了什么？

● 你是不是做了什么或说了什么，致使强势的人认为他们的行为能得到赞赏和回报？你自己本身是不是一个强势的人，或者你公开或私下里赞赏过强势的行为？

- 你认为这些人期望通过强势的行为获得什么？你怎样做才能让他们意识到自己的强势行为？

行动思路

一切为了团队成员

身为管理者，你不仅要正视团队中存在的文化，还要了解每个队员的偏好和风格，并清楚自己的行为会产生怎样的影响。作为团队领导，你个人的风格和偏好对团队的文化氛围非常重要。例如，你认为开会期间打断会议有助于形成积极的头脑风暴，但团队中其他人可能认为那是消极的行为，因为它让人感觉受到压制或不被尊重。有人不经意间排挤队员，导致他们很难融入团队，对于这样的行为，一定不能姑息。

总有人因为强势行为受到伤害

肯定会有人因此受到伤害，而可能向你诉苦。由于要对队员负责，一旦遇到这样的问题你就必须处理。如果有人向你诉苦，但是你并没有亲眼看到那些不恰当的行为，首要的便是仔细观察团队里的变动以及强势队员的行为，行动之前，你必须确保确有其事。

强势的行为对团队不利

一旦发现确有其事，一定要着手解决，因为队员不满强势行为，他们对团队的贡献必定会受到影响。如果受影响的是那些有着特殊技能或专业知识的队员，失去这些人的代价是你承担不起的，趁早着手处理方为上策。

分清楚可接受的与不可接受的

每位员工都要知道并认同什么是可接受的，什么是不可接受的。如此，从某种程度说，整个团队才会变得自律：一旦按捺不住的性格外向者占了太多时间，就会有其他队员（通过口头反馈或非口头信号）提醒他。如果团队能一致同意一个章程，这就有助于每个人对于什么是可接受的工作环境都有着明确的定义。确保每位员工有机会为团队章程建言献策，但这并不意味着每个人的观点都要被团队采纳。

帮助员工了解你对他们的期望

有时候，个人需要放下自己的偏好来迎合大多数人认同的文化要求。你有责任把这种要求转化为简单易懂、人人都能接受的行为准则，并了解大家的真实想法，尤其是有哪些人认为这些文化规则难以遵守。

强势的员工

强势的行为可能是你经常见到但不能接受的行为之一。强势的人往往告知别人自己的观点，很少询问别人的意见，经常打断小组其他成员或无视他们。更有甚者，当一个团队存在两个或多个这样的人时，他们之间的竞争将变得非常激烈。首先要确定这些不恰当的行为是他们有意为之还是无心之过，这将有助于你决定采取何种处理方式。

无意而为的强势

如果强势行为是无心之过，那么强势者可能积极配合相关的辅导。可以先就这个问题随口一提或者在非正式的交流中暗示他接受非组织性的辅导。如果这样不奏效，你可以建议更系统性的辅导，比如由你自己或其他人给他做辅导，重点是要和当事人就什么是恰当的行为达成共识。有时候，长期以来无意识中形成的习惯很难改变，需要时间和支持。这里有一个不错的建议，私下提醒对方有强势的行为，并暗示此事只有你和他两个人知道。

有意而为的强势

这类人往往具有明显的（甚至攻击性的）竞争意图，只要有人提出不同意见，他们就会和其展开较量，结果小小的冲突演变成不是你死就是我亡的比赛，直到他们赢了比赛才算结束。由于这类行为是有意而为，处理起来就相对更难，甚至会让你无处下手，后果是他们有可能成为团队不和谐与绩效下降的罪魁祸首。

到了这个时候，你就必须决定要不要继续聘用这样的员工。有时候，他们还能对关于团队和企业目标方面的交流有所回应，赞同团队成员各抒己见从而使团队绩效最大化的要求。只要他们怀有这样的抱负，你不妨多些耐心，找机会和他们讨论一下谦卑领导（聆听每位员工的心声，对团队达成目标有耐心和信心）与前瞻领导（更关心表达自己的观点以及达成自己的目标）各有什么好处。

狂热或固执的员工

狂热与固执都是人们对一定环境所产生的情感反应，这样的反应再受到反击，就会更加厉害。如果不改变所处环境，牵涉之人的绩效都会受到影响，这里的管理难题就是如何找到解决方案。

首先，想一想：

- 你和这位员工在过去有何交往？你是否真正了解他对什么东西狂热或固执？是否理解他如此狂热或固执的原因？
- 你有没有花足够的时间深入团队或小组中了解为什么有人会对某件事尤其固执？要解决此人的忧虑是否有可能？
- 这样的行为会给团队或小组的工作方式造成怎样的影响？会不会损害团队文化的任何一方面以及（或者）影响团队充分发挥能力以达成目标？
- 如果你为解决这个问题已经做好了思想准备，那么最好的方法是什么？你会怎样开口邀请该员工去面谈？为了这次会谈你应该做哪些准备？你预测可能面临怎样的反应？

- 其他人会不会比你更有可能解决好这个问题？

- 在这方面，你能不能得到公正客观的建议？其他人有没有找到好的解决办法？

行动思路

了解队员

管理者的一个基本技能在于了解团队成员。了解他们，你就会发现他们对什么事情比较狂热或固执，进而可以尽早预防，不让其成为团队发展的障碍。重要的一点是，你需要了解并正视自己和当事人过去的关系，尤其是如果你过去和他有过争论，那么，相对于那些和你一直相处融洽的人来说，他对团队的前进造成的阻碍就会更大。

并非所有关系都完美

如果你和一个核心队员或者利益相关者目前的关系已经紧张不堪，你可以着手处理，也可以接受这样并非完美的关系及其带来的影响。比如，你和该队员在过去关系紧张，现在你想要改善关系，最好的选择就是你们两人进行一次私密会谈，坦诚地面对过去的关系并展望未来你们期待的关系。如果之后你们的关系仍未有所改善，该队员还是一如既往地对某事狂热或固执，你可能就需要请别人来帮助你影响该员工，看看会不会有所进展。

固执与狂热不同。固执常常是由于人们感觉自己被低估或自己的想法没人倾听而造成的，如果真是这样，你要努力改变他们这样的观点。狂热则往往与深信不疑的信念相关，劝他们改变或修正根深蒂固的信念需要时间。因此，你要清楚到底是必须改变这样的信念还是干脆就接受这样的信念。

狂热和固执都对团队有影响

管理者职责之一就是要发现极端行为给整个团队造成的影响。狂热或固执的行为通常会破坏团队的和谐与凝聚力，最终削弱团队的效率，而他们对此并不自知。解决此类问题有两个可行的方法，提醒小组成员时刻牢记之前共同制定的团队章程，或者与他们在工作之余好好交流一次。要记住，激怒了你的行为往往也会激怒其他队员，这一点对你尝试解决此类问题极有裨益。

寻求好的建议

也还有其他的解决方法可以考虑。比如请你尊敬的人帮忙，他们非常了解你，也了解你面临的难题，因此可以给予你公正、客观的建议。或者去问问其他员工跟该员工相处得怎样，他们可能提出你未考虑到的想法。的确，有些问题让你头疼不已，但其他人可能已经找到解决办法了。如果你从得到的建议中发现此事和你自己的行为有着关系，并且你的行为还影响了该员工，请不要惊讶，事实上，你可能和他一样狂热或固执，一样让人头疼不已。表面上是你在寻找问题的解决办法，实际上你可能正是问题产生的源头之一。要记住，你面临的管理难题是在促成积极的解决方案。

第二章

团队层面的难题

本章各节为团队如何发挥最大功效提供上好的建议，帮助你深入分析团队难题，进而确保你解决应该妥善处理的问题。不论是管理者还是员工，这部分建议无法估价，它们都是处理团队难题切实可行的方法，帮助你们发现自己团队的问题并加以解决。

Challenges with teams Part 2

如何有效管理团队并让团队发挥最大功效是管理者要应对的最大也是最常见的管理难题。团队绩效受损或下滑的原因非常多，你必须及时发现，并在它们开始影响团队之前就将其消灭在萌芽状态。同样，通过准确、快速地解决团队问题，你还可以为团队增加信心，这反过来又有助于团队绩效最大化。

本部分阐述了团队绩效下滑的一些原因，比如信任问题、逃避冲突或者逃避责任等。

在团队中，如果缺乏信任或者信任丧失，团队绩效极有可能大打折扣。但是，信任问题的根源是什么？之前有没有类似的事情发生，或者有没有队员害怕发生的事情？是团队里同事之间缺乏信任，还是对利益相关者缺乏信任，抑或是对团队管理者或者领导缺乏信任？那个人会是你吗？不管事出何因，你必须及时发现它们并处理好，而本章提供的就是这方面的解决方法。

不管团队产不产生冲突，这两种状态都是棘手的问题。冲突有好处也有坏处，有时候避免冲突是正确的策略，但如果面临逃避不了的冲突，而团队总是不愿正视，整体绩效也会受到影响。避免冲突有哪些迹象？这样的问题该如何解决？答案都在本章揭晓。

团队绩效不佳

你带领的团队绩效不佳，好几项指标都未能达成，这给你带来了负面影响，上级要求你快速解决这个问题。

首先，想一想：

- 这种现象发生多久了？是在愈演愈烈、逐步减轻还是一直保持原态？
- 你进入该企业有多久？你对企业运行模式了解如何？是否真正了解“我们在这里的做事方式”？你带领团队多久了？形成了怎样的管理风格？在管理和领导方面有多少经验、有多么自信？这是不是你第一次带团队失败？
- 衡量指标是否公正恰当？队员是否理解为什么要接受衡量以及他们是如何被衡量的？
- 团队的绩效是否要依赖于企业内或企业外其他团队的绩效？

● 团队是否经历较大变动，比如团队扩大或缩小抑或是团队成员变动？

● 团队的活力怎样？团队成员相处得如何？他们是不是相互帮助、相互支持？你是怎样处理冲突的？

行动思路

解决绩效不佳的问题正是管理者的核心责任

不管你选择做什么，一定要处理并改变当前这个局面，此时你需要的是坚定与果断。如果你接手时团队已经在走下坡路，这个问题就更难解决。时间拖得越久，所有受到牵扯的人要试图改变就越困难，情况只会越来越糟糕。

搜集事实，快速行动

鉴于问题如此严重，在采取行动前，你需要尽量多地搜集事实并多听取别人的想法，并迅速采取行动，这个问题应该成为你工作的重中之重。

确定你需要搜集哪些事实，需要听取哪些人的想法。首先要核查你们小组的衡量标准是不是公正恰当，如果不是，你的首要任务就是制定一套更好的标准并争取获得企业高层的同意。

要让管理高层贸然改变之前已经确立的团队绩效目标可能不妥，对于已经表现不佳的团队更是如此。因此，如果你认为那些衡量标准真的存在问题，你就需要搜集强有力的事实证据来为自己辩护：你认为更好的衡量标准是什么？你可以让位高权重的导师评估一下你的猜测，并做好准备迎接艰难的管理层会议，想方设法让他们撤销旧的标准并接受你的建议。

关系会影响绩效

在检验标准的同时还必须深入了解团队内部的关系。内部关系不和谐是不是团队绩效下滑的核心原因？高绩效团队的成员不仅相互依存，而且互相尊重、互相关爱的程度也非常之高。你的团队未能做到这点或者做得越来越不好，绩效势必受到影响。

如果你还不够了解团队内部的关系，首先去核查一下。在以任务为导向和以关系为导向这两点之间，你是否做到了平衡？绩效下滑预示着团队出现了危机，所以你选择的管理风格非常重要，它将决定你的管理能否成功。

因此，你和队员之间的关系将深刻影响你带领团队走出目前困境的方式。如果你不重视以培养内部关系的方式来带领团队，就不可能化解危机。你要向那个方向看齐，为将来培养稳定的内部关系而努力，促使团队远离困境。当然，从无到有，这是一个长期的艰难过程，你并不能马上获得想要的效果。

那么，每个队员的工作能力又如何呢？是否每个人都达到了工作要求的标准？如果不是，你必须立刻解决这个问题。

你必须行动，否则事情不会有转机

如果你突然间更多地参与团队实际工作，并且以任务为导向去要求队员，绩效也不大可能很快好转。较好的做法是确认团队活力究竟出了什么问题后再加以解决。

缺乏信任

信任对团队的发展和绩效至关重要。团队内部缺乏信任有很多表现形式：通常队员之间没有明显的冲突，但是他们交往时拘泥礼节，讲究客套，互动也只是做做表面文章。团队若缺乏信任，要想获得高绩效就会困难重重。

首先，想一想：

- 对照企业的基本标准，团队的表现如何？是达标、超标还是不达标？
- 团队是否增添了新成员或者团队已有很长的历史了？团队成员过去的表现是否比现在的更好？如果是，为什么会发生这样的改变？针对团队缺乏信任，你有什么初步想法？你是否怀疑表面的平静之下有着潜在的冲突？
- 你接替的是哪位领导人？他领导团队的风格是怎样的？你对团队的设想是什么？
- 团队成员是需要相互依存，还是各人都扮演具体、独立的角色？
- 团队的工作环境如何？他们是不是在同一间办公室里工

作？那是开敞式的大办公室还是每个人都有私人的办公空间？或者只是一个虚拟化的团队？

● 团队有多少休息时间？队员多久聚一次，为何而聚？最近他们在团队中有没有得到任何发展机会？

行动思路

区分群体与团队

首先要确定你带领的是一个群体还是一个团队。群体由一群相互了解的人组成，他们之间有互动，有共同的兴趣和愿望，因而也互相影响。团队则比群体更胜一筹：其队员拥有共同的目标，并且要实现这些目标，他们必须共同努力。

群体会肩并肩努力实现基于任务的目标，但一个团队则会通力协作，认可同一种文化，以求处理复杂的难题。一个高绩效的团队则更厉害，它的队员相互信任，相互尊重，甚至可以说他们很多人之间有着深厚的感情。

帮助群体建立信任

如果你带领的是一个群体，一定要确保每个成员都了解自己应该扮演的角色并都掌握了相应的高水平技能，以及成员之间的交流更有效率。根据我们的经验，工作群体中出现的所有问题几乎都源于成员不了解其他人的工作，而不幸的是，他们往往都是通过想当然的猜想来弥补这一点。

帮助团队建立信任

现如今的商业本质表明，在大多数情形中，领导者要领导的是团队而不是群体。其原因在于，企业目标和结构很复杂，要想实现任何目标，都要求相互协作。

一旦确定你要带领的是一个团队，那么就需要集中精力在团队里培养互相信任、互相尊重的文化氛围。这件事做得好坏将决定你带领的团队是实现目标型的团队还是高绩效型的团队。

企业文化影响团队信任和绩效

团队不是存在真空里的，它们存在于企业的文化中。因此，想一想你所在企业对团队的态度：它是不是重视或者珍惜团队？是不是偏离了创造并培养高绩效团队的道路，或者是只看重团队的能力？

即使企业坚持的标准是团队要有能力，并不要求创造高绩效，你也不能让任何事情阻碍你打造高绩效团队的步伐。你首先要做的就是让团队深信坚持高绩效非常值得。不管是树立远大的愿景，编写鼓舞人心的故事，还是激发他们的希望和抱负，通过用情感去感化队员往往与讲道理一样有效。

了解过去有助于把握现在

在做任何改变之前，你需要清楚了解团队的过去。有可能队员在过去表现得比现在更好，或者之前的领导者营造的文化不利于团队实现高绩效的目标。想一想，目前的文化氛围是不是因为出现内部冲突、人事变动和（或）有人野心未遂（有没有人申请你的职位）而形成的？要想从本质上了解你的团队并找到这些问题的答案，最好办法就是花时间去了解队员和团队。

确立清晰的团队发展目标

要做到这一点，必然要求队员之间高度地相互信任和相互尊重。我们信任那些我们觉得可信的人，但同样重要的是，我们还需要开放的精神，而这一点常常被人遗忘。团队领导者和队员都要勇敢地分享自己的价值标准，坦白自己的优点、缺点和偏爱的工作方式。作为领导者，你最想打造的就是队员能相互关爱的团队。

自我取向会破坏团队信任

在团队里，如果队员们在做决定或采取行动时总是倾向于考虑自己，就会极大破坏团队中建立起来的信任。队员自我取向有很多表现形式：基于自己的利益做决定、不考虑团队利益、分配工作量不公平、抢占他人业绩以及因为惧怕挑战而避免进行棘手的交流或做出艰难的决定。作为领导者，你有责任发现这些行为并及时处理掉。建立信任犹如针挑土，毁掉信任好比水冲沙。当然，信任丢失了还可以重新建立，但这个过程会更加漫长。作为领导者，如果你能恰如其分地树立慷慨无私、宽宏大量等优秀榜样，其他人也会效仿你那样做。

我们对别人了解不多就往往不会给予他们信任，很多冲突的根源就在于个人缺乏对他人的了解。因此，队员在一起工作和互相了解的时间越多，相互信任和相互理解的可能性就越大。

队员在一起信任才能培养起来

建设团队的日子是培养信任最好的时间，但是培养信任也有更简单的方法，例如，鼓励队员在一起头脑风暴、回顾工作、分析局势，或是从其他角度审视业务等。在这方面，你还可以创造社交机会，哪怕是大家一起吃三明治都是不错的主意。

使用心理测量工具有计划地了解每个团队成员，对开启关于团队如何运作的交流具有极大的帮助。团队越是多元化，这种方式的价值就越大，因为通过了解每个队员，就能了解他们会给团队带来什么不同的技能和长处。

人们容易低估办公空间对团队文化的影响。你会看到，要培养讲求合作，积极交流想法、信息和观点的团队文化，重新布局团队工作环境的空间就是一个简单的方法。

信任是影响深远的事。人生错综复杂，节奏很快，劳神费力，现代技术的发展也使得我们面对面在一起的时间越来越少。因此，领导者一个非常重要的职责就是创造让队员在一起的机会，需要的信任就此才能建立起来。

害怕团队内部冲突

高绩效团队开始走下坡路会让人匪夷所思。有一些团队发生这样的状况是因为内部产生了（可以或不可以公开谈论的）冲突。如果你个人为了追求和谐而逃避冲突，那么，处理团队的任何潜在问题就会变得难上加难。

首先，想一想：

- 你对冲突的定义是什么？队员是否理解并认同你的定义？
- 你是否更重视和谐而不喜欢争论？团队是否喜欢富有活力与开放的文化？
- 你过去在团队里是否有过处理冲突不成功的经历？你处理工作中的冲突和自己私人的冲突所采取的方式是否一样？
- 在别人（或者你自己）眼中你是不是果断的人？
- 队员在一起有多长时间了？你做他们的管理者多久了？你和团队的关系怎样？
- 团队成员又是怎样的人呢？他们的行为有什么特点？你有没有给团队建立档案？每个队员是否都清楚他们能为团队做出怎样的贡献？

行动思路

理解你所谓的冲突

专家们对“冲突”的定义各有说法，因此，你必须给工作过程中产生的冲突下一个定义。有一种定义称，哪里有分歧，哪里就有冲突。这样看来，冲突无处不在，我们应该欣然接受并合理利用。另一种观点认为，真正的冲突是因价值观不同而产生的，它与单纯的意见分歧有所差别。

在第一种定义中，不满情绪对整个团队来说具有建设性的意义，它给团队注入了活力，也可以促进队员之间的创新性合作，帮助他们找到更好的解决办法。第二种定义中所描述的冲突就不是建设性的，它可能破坏当事人之间的关系，如果不及时应对，任何事都不能取得进展，而队员的精力和团队的上进势头也会因此大大受损。

也就说，具有建设性意义的不满情绪，不会影响团队和谐，应该允许这样的冲突不断发展，因为团队里大部分创新性解决方法都常常产生于这些充满活力的辩论中。然而，在冲突中人们觉得自我价值感①受到了威胁或者原则受到挑战，这样的冲突就存在潜在的危害，必须谨慎处理。

帮助队员理解他们自己对冲突的态度

人们通常不能清晰地了解自己的想法。全方位的评价可以让你了解他人对于你处理矛盾的方式所持的态度，而你的导师或信任的同事则会给你提供个人的、富有见地的意见。有时候，过于重视和谐的人们会逃避冲突，因为他们感觉自己不够果断，缺乏

---

① 自我价值感：一种对自己整体性肯定和重要性评价的体验，含有认知和情感成分。

影响或引导团队的能力。获取这些技能有很多方式，比如参加系统性的发展课程，寻求辅导或指导，以及阅读管理技能的相关书籍等。通常，寻找解决办法并不难，难的是要认识到存在的问题。

经过再三思考后，你意识到自己在处理工作中的冲突和私人的冲突时所采取的方式大相径庭，不妨想一想能从工作以外冲突的处理方法中学到哪些经验，怎样运用那些经验来处理工作中的冲突。一旦你对此了解清晰，就可以致力于接受那些你现在认为是积极的冲突，甚至创造那样的冲突。

过去总是预示着现在

确保你已经充分了解团队的过去以及它对团队目前的文化和成就所产生的影响。积极创造机会鼓励队员展开讨论和辩论。一旦你尝到其中的甜头，就会毫不犹豫地将其纳入自己的管理方法系统中。确保你的队员理解什么样的冲突会促成他们积极地交流想法，什么样的冲突是非建设性的并可能产生危害。如果团队里存在有可能导致破坏性冲突的队员，比如有人好争斗、顽固不化或极其固执己见，就一定要帮助他们认识到此类行为是有害无益的，不会得到任何人的支持。

鼓励可接受的、建设性的冲突

你会发现自己需要开很多团队会议，在这些会议中，展开开放式的辩论，鼓励队员各抒己见。轮流主持团队会议也是一个好点子，以便让队员们亲身感受不同的领导风格。另外，熟知每个队员的长处和偏好也是很有益的。建档工具可以帮你做到这点，其中某些工具还可以帮你找到解决冲突的具体方法。

你同样也需要举行很多一对一（或一对几）的小型会议并鼓励他们积极交流想法。提问开放式的问题可以充分激发队员的创意思维，帮助他们自信地针对这些想法进行讨论和辩论，因为他们知道这些辩论都具有积极的意义，并不会产生偏离价值观的冲突。

杜绝冲突对绩效产生消极影响

处理任何绩效不佳的问题都非常重要，这一点不言而喻。如果你对待冲突的新态度看起来似乎管用，但绩效就是没有改善，那么就需要再次审视你的理论，也就是说，你之前认为自己处理冲突的方式是团队走下坡路的根源所在，但绩效未能改善说明了这种想法可能是错误的。

最重要的是，不要回避现实：处理冲突的方式不恰当而导致团队受阻，那么它也会让你的职业生涯受阻，所以，积极采取措施解决当前问题。

团队逃避责任

打造高绩效团队非常重要的一点就是确保队员对自己的行为和绩效负责，如果团队四分五裂或队员关系脆弱，甚至团队提供的服务不达标，你就必须对此采取行动。

首先，想一想：

- 他们逃避责任的行为有哪些？团队绩效是什么时候开始下滑的？有没有具体的触发因素？
- 你从团队里得到了怎样的反馈？从企业里得到了怎样的反馈？
- 针对服务水平标准问题你已经跟队员交流过什么？队员是不是清楚了解自己的角色、贡献以及自己应该对哪部分结果负责？
- 目前为止团队建设取得了怎样的进展？你们是怎样一起工作的，团队建设的成果是怎样融入到其中的？
- 你对于他们的日常任务和责任的细节了解如何？
- 团队里是否有一两个人在制造敌意和紧张的局势？其中有没有自我主义在作祟？团队中有没有这样的人，对他们而言，个人所得比团队所得更重要？谁因为这些敌意受到的伤害最大？
- 团队中表现良好、业绩优秀的是哪些人？

行动思路

低绩效团队很明显是有问题的

众所周知，只有受到影响时我们才会意识到问题的存在，要解决问题，就必须挖掘出其产生的原因。因此，管理者必须弄明白，团队绩效为什么会不达标。很多管理者都会犯这样一个错误：只顾着处理问题造成的影响，而不尝试寻找并解决问题产生的根源，结果，他们只能陷入一个恶性循环中无法自拔，解决不了燃眉之急。管理者要强大起来，因为带领一个运转不良的团队步入正轨，同时兼顾团队的日常运营事务，困难重重，且让人筋疲力尽，带领这样的团队取得更好发展需要做到合理的恩威并施。

深入发掘

近距离批判性地观察团队在日常工作方面的实际运作方式。观察一下谁比较强势？谁怕干活？谁沉默寡言？谁实际掌权？

同时，你自己也要熟悉他们的工作量。每位队员每天应该做什么？他们实际上每天所做的和目标有多大差距？他们什么时候会犯错，原因又是什么？给他们每人安排的工作量是否平衡、公平？

确保你了解团队的历史，队员入职多久了？队员中有没有人有过工作经验，那些经验是好是坏，和现在的职位是否相关？向同事和信任的顾问寻求帮助，看看他们对团队及其绩效有什么客观看法。

了解自己权力的局限

你的权力范围是什么，比如，是否有权解雇或再分配员工？能否重新调整团队结构？采取行动是否需要更大的权力，以及能否获得那样的权力？同样要确定你在团队中的名声怎样，是否受人尊重，受人喜欢，以及受人信任？

应对与绩效相关的影响

队员需要认识并尽可能达到他们必须履行的工作标准。

你必须深入了解导致团队运转不良的根本原因，造成当前局面的原因有可能是多方面的，你要拨开迷雾，想方设法找到问题的源头。你可以测试每位队员的能力水平，和所有队员逐个交流，以此了解他们面临的困难、挫折，他们有什么建设性的想法，以及想要铭记的积极而美好的回忆片段。

从零开始

推翻现有的一切，重置团队。翻阅之前所做的心理测量档案或团队档案，着手建立更多更详细的类似档案，花时间和团队一起增加实力并营造能促使团队可持续发展和实现高绩效的文化氛围。把信任问题作为重中之重，提上整改议程。当然，多人成林，为了获得最大程度上的成功，尽可能借助外界的推动因素。

着眼于大局

你对团队的要求有没有无端发生改变？团队的任务是不是过重？或者队员们在自己要承担的责任方面并没有受过相关培训？在你寻找导致团队运转不良的原因时，不要害怕，要敢于责备。如果团队中有自我主义作祟，如果队员以自我利益为出发点，如果存在恃强凌弱或歧视行为，那么你一定要把这些行为问题指出来并加以解决。不管有多难，作为管理者，只有你大胆行动，直指要害，困境才能迎刃而解。

营造并捍卫团队的透明度

必须确保每个队员都完全明晰自己的角色以及团队的目标，

必须认识并评估团队内外其他人对团队的期望，对于那些适当的期望要予以接纳。一旦你已经做到透明公正，整个团队就必须接受你的监督，敦促与领导，不能再，也不会再浑浑噩噩地混日子。千里之行，始于足下，要纠正团队整体的不良行为，最好的方法是首先逐个修正员工的缺点。

有计划，有条理

这里为大家提供一个清晰的过程：把处理绩效不达标的问题作为当前工作的重点，找出潜在的原因并着手处理（这可能要花更长的时间）。为节省力气而只着手其中一点是远远不够的，你会发现光是沟通就已经非常棘手了，包括与个别员工对话，与某个群体交流，有时候甚至是要与整个团队进行深入的谈话。大多数管理者会因此感到力不从心，那么在开始这些交流之前，你要获得必备的支持来帮助自己扮演好职责中的这一艰难角色。

特殊待遇

管理一群人有时候像是当家长一样。有人会指责你有偏袒行为，特别是你跟某个队员在私下里或工作中走得非常近。一旦发现团队中出现不满情绪，听到对你的类似指责，你就必须审视当前局面，确定自己的行为是否公正。

首先，想一想：

- 团队有多么稳定？是不是经常出现队员流失、新人加入的情况？
- 因特殊待遇受到指责的员工是谁？他是否和你私交甚密？这种友谊持续多久了？它对你来说有多重要？别人是如何知道你们之间的关系的？
- 这个人是不是你的二把手，在工作上你们是否也走得比较近？这位副手是不是比其他队员都更能干？作为你的非正式二把手，他是不是能获得许多利益，比如，薪资更高，休假更长，枯躁的工作分派得更少，或者工作量少于其他人？
- 是不是因为你通常把工作只授权给某一个人，导致其他人丧失发展机遇？团队还有其他什么培训机会吗？
- 团队整体表现如何？特殊待遇的指责只是来自团队内部，还是你也听到其他部门同事或上级对此事有所暗示？

行动思路

以恰当的方式珍视友谊

职场友谊不仅是正常的，也是有益的。我们身处职场中的时间比待在家里的时间要长，与同事相处的时间甚至多过与家人共处的时间，因此忽略职场中的人际交往与人情世故显然是不合理的。然而，别人对你们职场友谊的看法非常重要，特别是当你拥有权力或权威的时候。管理者的一言一行都会受到员工们的高度关注，如果别人认为你偏袒某个员工，自然而然会滋生不满情绪，这反过来会对团队的绩效产生负面的影响。

要记住，其他人对事件的看法有他们自己的道理。你必须接受并处理好他们的想法，即使它们对你来说并不公平或有所偏颇。

你需要退一步考虑，评估一下你的朋友在工作方面的贡献如何。他（她）是不是比其他所有队员都更出色？如果是，其他人的不满情绪里是否掺杂着其他事情？再想一想团队里有多少人看起来对此事有着强烈的反应。此事现在是人尽皆知还是仅限于两三个人知道？针对你和你朋友的关系以及你授予他/她的某些职权，团队之外是否有人对此发表评论或提出批评？大范围的关注意味着确有其事。如果只是局限于小范围内，那有可能说明个别人有所企图。

作为管理者，你要对以上问题保持着清晰而客观的认识，及早发现，果断处理。

退一步考虑

导师的帮助能让你退一步思全局，客观地分析所处的局势。你是否对这位员工有所偏袒？其他员工对你们的亲密友谊是否有所察觉并表示不满？他们的不满是什么性质的？是因为你在那位员工身上花的精力太多，夺走了其他队员应该享有的时间，还是因为你的工作分配不均衡？

没人喜欢别人批评自己或自己的朋友，然而，如果你的导师也认为他人的部分不满情绪是合理的，你就应该本着向团队负责的态度认真地思考当前由你引发的危机。正视自己行为的同时，观察你所带领的团队：队员们是快乐还是抑郁？是精力充沛还是疲于应对？是繁忙还是懒散？如果队员的状态倾向于后者，抑郁、疲倦或闲散，那么流言飞语和肆意猜测就会平地而起，充斥进来。

不满源于何处

你必须找到团队里产生不满情绪的根本原因并予以处理。基本上，原因只有两种可能性：团队本身出了问题或者你与团队的关系出了状况。针对前者，你需要和团队共同努力来解决这个文化层面上的问题。然而，如果问题源于你和你朋友之间的关系，你就需要审查你授权给他/她的职责和权力，然后做出相应的处理。

别人对特殊待遇的看法会导致不良影响

团队绩效的下滑，说明这个问题已经非常严重了。即使团队的绩效目前没有什么大的改动，也要记住，态度发生变化（你可能注意不到）一般会导致行为发生变化（这一点你会发现），所以最终绩效也会随之下降。

职场友谊必须维持在工作层面上。我们在职场中都需要友谊。实际上，与同事相处融洽，我们的工作效率也会提高。然而，如果你只跟朋友开私人玩笑或在休息时只和他们待在一起而排斥其他人，那么其他队员就会感觉自己被冷落了。

队员因此认为你和你朋友之间的友谊会阻挡他们晋升或发展，他们产生这样不满的情绪便是无可厚非的。你可能觉得自己在处理个人关系方面已经非常谨慎了，但是，队员对你的观察可谓细致入微，不管你如何掩饰，他们很快就会发现你的不公平行为。

先观察再决定，务必要客观

二把手的本质就是，当你不在岗位的时候，他通常充当你的角色，这就意味着，你对其能力的看法可能不同于其他队员的看法。因此，你既要观察二号人物的实际行动（如果可能的话，多观察几次），还要看看团队对他/她的表现有何反馈。

这里有两个难题。第一，当你开始观察时，团队的凝聚力就此发生改变，并且，你并不能确定现在所观察到的行为就是你不在的时候所会发生的行为。第二，鉴于你和二号人物的关系，你从团队那里可能得不到客观坦诚的反馈。

公正地说，倘若你的朋友并非优秀的管理者，也不是副职的最佳人选，那么他/她就不应该获得相应的角色或机会。如果没有人比你的朋友更适合那个角色，他/她就应该获得这个机会，至少，可以获得相关的培训以及获取为恰当扮演好那个角色所需要的训练和发展。

管理是孤独的，管理者往往很难和他们自己的队员建立亲密的友谊。从本质上来看，管理者就是要把自己和队员区别开来并保持客观，毕竟你不能带领一个团队的同时又成为其中的一名队员。简而言之，“特殊待遇”这个问题可以归结为一个单项选择题：你是愿意拿团队冒险来保持你的友谊还是愿意拿你的友谊冒险来支持团队，你选择的答案将让你在很大程度上明白自己是如何看待管理者生涯的。

孤岛思维[1]

有时候，企业里声名卓著的团队认为自己与众不同，把自己与其他团队区分开来。久而久之，不管是出于竞争的意识还是因为感觉不到别人对自己或自己所做工作的理解，这些团队就形成了孤岛思维。这种不健康的行为会在企业里造成紧张的局势。身为管理者，你的角色就是要确保这些团队的队员能着眼于大局，并帮助他们更好地融入到企业里去。

首先，想一想：

- 企业是否能接受这种文化？是什么促使孤岛思维产生的？是什么让你确信这种文化对这个群体来说是有害的？

---

① 孤岛思维：大型组织内部总是存在一种所谓的“孤岛思维”，即团队成员通常仅仅关注自己的职能部门或业务单元。如此有限的关注，阻碍了个别部门对组织整体运营卓越性的促进作用。

- 让这样的团队更好地融入到企业里有什么好处？团队里哪些人可能反对融入企业的做法？哪些人可能支持融入企业的做法？
- 企业里的薪酬结构是什么？这些制度是不是助长了孤岛思维的滋生？团队是如何被评判的？绩效标准是谁设定的？
- 这个团队现在表现如何，能否达到绩效目标？
- 有没有什么事引发你开始担忧团队文化？你的管理风格是什么？你有多大的竞争力？
- 这个团队多久和企业其他部门互动合作一次？他们认为谁是他们的客户？团队的利益相关者会对这个团队持什么看法（如果有的话）？
- 这个团队对其他部门或者整个企业是否感兴趣或了解，程度如何？
- 这些队员是否感觉自己受到了重视？

行动思路

孤立损害效率

孤岛思维会使团队在企业中陷入孤立无援的境地，而企业的运行要达到最好的状态，各部门之间必须建立并维持好相互依存的关系。每一个企业都非常复杂，企业越大，要想审查企业的所有元素如何共同运作也就越困难。即使你的团队看起来工作效率很高，你还是要创造机会和其他部门互动起来，这样整个企业才会变得更加有机统一。

企业的整体运营很重要

企业越大，关注团队的组织方式、员工的薪酬支付问题甚至团队会议讨论的内容就显得越重要。团队是纵向组织结构的吗？团队成员的工资是否仅仅按他们的贡献而支付还是至少有一部分是按他们参与企业其他部门事务的能力而支付？团队会议是仅仅讨论内部的绩效和问题，还是也会讨论企业目标等议题？部门之间的共性越多，员工们就越容易在企业整体运营的重要方面达成一致认识。

为了让团队融入企业里，团队必须在更大的背景下认识自己扮演的角色，而不是凭空谈论自己的角色。团队的管理者在企业里应该代表自己的团队，在团队里应该代表整个企业。这就是说，管理者的工作就是要确保企业了解并尊重团队所做的贡献，而团队了解自己在企业运作中应扮演的角色。

让团队感受到来自你和他人的尊重

在思考团队为什么会形成孤岛思维的时候，你应该想一想队员们是不是真正感受到了你和企业对他们的尊重。如果队员觉得没有得到应有的尊重，他们就会变得傲慢无礼，会为了维护自己所做的贡献以及在企业中的地位而斤斤计较。面对团队变得孤立和狭隘这件事，团队内和企业外的人们越是对其表示忧虑，你就越有机会改变这种傲慢无礼的态度。如果只有你一个人表示忧虑而你的忧虑又无人理解，那么你想改变团队这种错误的态度可谓难上加难。

寻找共识之士并借力

在采取行动的早期，你需要寻找跟你志同道合的人（不论是团队内还是团队外的人），他们应该赞同你认为团队被孤立的观点，也支持你想要结束这种局势的决心。理想的人选应该是利益相关者以及有权有势的人。你可以向这些人征求意见，并与他们共同制订使团队更好融入企业的计划。如果他们并不赞同你的观点，你可以结合企业的运作背景反思一下自己的观点是不是合理。有时候，观点正确是远远不够的，你需要得到他人的支持。身为管理者，你会发现总会面临许多挑战，而有时候关键的问题是要优先选择去应对哪个挑战。

如果你的部门绩效良好，能达到目标，一般也能完成分配的任务，那么你要是想鼓励队员去解决那些很容易不被当回事儿的问题，只怕会更加困难。如果企业或团队本身对自己的绩效水平感到满意，那么除非受到巨大冲击或引人注目的新视角的刺激，否则队员就不会觉得有任何必要去评估当前的态度。

经过再三思考，你决定要应对这场挑战，那么第一步就需要寻求支持。如果没有足够的有影响力的人支持你，你就需要想方设法让他们相信你的职位适合解决孤岛思维的问题。得不到足够的支持，你的行动可能导致自己的职位不稳。

认识孤岛思维的吸引力

你能否分析出来为什么你的团队觉得单独行动更自在？是不是因为某件特别的事或某个特别的人导致队员的态度发生了转变？团队的孤立是不是经历了漫长的渐变过程？这些问题的答案将给你一些提示，帮助你找到准确的原因以及可能的解决办法。作为管理者，如果你在团队中已经树立了良好的名声，那么现在的团队文化很大程度上是受你影响而形成的。如果你自己喜欢竞争，就可能鼓励自己的团队在企业内部展开竞争。或者你可能一直在批评企业里其他团队，所以你的团队也对他人嗤之以鼻。不管是哪种情况，原因就在于你的团队已经效仿了你的风格。

团队的文化和态度很大程度上取决于他们给自己怎样的定位，例如，他们认为自己是在为企业服务还是在为企业的顾客服务？完全融入到企业里的团队会认为自己的顾客既有内部的组织也有外部的服务接受者，而孤立的团队更注重外部的服务接受者，忽略内部的组织。

评判团队是否形成了孤岛思维，一个很好的标准就是看团队会议。团队是愿意用会议时间思考并谈论他们自己在企业内的角色，还是更倾向于关注其他外部事务和需求以及这些会如何影响他们快速有效工作的能力？完全融入到企业里的团队会兼顾考虑内部和外部两方面的挑战和机遇。

管理虚拟团队[①]

管理虚拟团队现在已是大势所趋，但很多管理者在这方面毫无经验，也根本不了解如何与虚拟团队交流、如何发展以及领导虚拟的团队。领导虚拟团队的工作很复杂，管理不好就会导致团队四分五裂并脱离企业，甚至反过来对团队的绩效造成影响。

首先，想一想：

- 你对经营虚拟团队的要求知道多少？虚拟团队的队员在这方面有多少经验？
- 企业在管理虚拟团队所需要的技术支持方面实力如何？你开展业务所在国家的技术如何？是不是所有的东西都互相兼容？
- 你管理现实的团队和虚拟的团队所采用的风格是否不同？
- 你实际上多久见一次虚拟团队的队员？是他们来见你还是你去见他们？在用虚拟的方式交流和亲身去他们工作的不同地方当面交流之间，你是否会选择前者？对于自己不得不抽时间出差或者在正常上班之外抽时间给虚拟团队开会，你是否心生怨恨或后悔？

① 虚拟团队：指通过互联网、电话、传真或视频来沟通、协调，为了共同理想、共同目标或共同利益，结合在一起所组成的团队，虚拟团队可以分工完成一份事先拟定好的工作。

- 虚拟团队的队员互相了解的程度如何？整个团队多久交流一次？他们多久面对面相聚一次？

- 对于队员所在国家的不同文化和风俗习惯你了解多少？有多少队员在与团队其他人交流时使用第二语言或第三语言？

行动思路

虚拟团队与众不同

虚拟团队开展工作可谓困难重重，这些困难和面对面开展工作的团队面临的困难并不相同。随着业务日益全球化，越来越多的管理者不可避免要接触虚拟团队，也就意味着要面临诸多方面的挑战。

驾驭技术

挑战之一就是要驾驭好技术让团队效益最大化，但技术总是不断进化和变革，并且企业在技术和出差方面所采取的投资立场会严重影响虚拟团队管理的质量。

在选择和使用技术的时候，一定要记住，如果虚拟会议与会者能够相互看见，质量一定会更高，因此应当把网络摄像机作为技术的重中之重。我们大部分人并没有意识到在和别人面对面互动时我们的感官发挥了多大的作用，然而虚拟的互动意味着你不能用上所有的感官，所以你仅能使用的两个感官——视觉和听觉就显得极为重要。

在我们的五大感官中，视觉最为重要，而接电话时，视觉会分散我们的注意力，转移到其他事情上，比如电脑屏幕，甚至是窗外的风景。同样，在会议中，如果感觉烦躁或对会议内容不感兴趣，我们的注意力也会分散。因此，要想让对方始终保持高度的注意力，与他们进行眼神的交流就显得非常重要。这不仅仅会影响到他们的注意力，并且因为彼此对视，你们的友谊也会更进一步。

能够看见彼此的另一个好处就是，人们可以观察到别人对于听到的信息有何反应，从而能更细致入微地理解信息的落实情况。无论你管理的是哪种团队，关注队员和关注任务一样重要，尤其当你管理的是虚拟团队时，在我们看来，你要更加关注自己和队员之间的关系，因为你一般只是在有具体的和任务相关的原因时才会和他们互动。

不要让步

尽管管理虚拟团队困难更大，但在关键的成功因素方面，诸如激励和鼓舞团队等，你必须为自己设定一样严格的标准。如果那个团队中既有虚拟元素又有现实元素，你面临的管理难题就更具挑战性。

虚拟团队中关系更重要

不论是虚拟团队队员还是隔壁办公室里的同事，和他们每个人建立并保持高品质关系都至关重要。抓住每一个与队员面对面交流的机会。在参加销售会议或区域会议等聚会时，情况允许的条件下，制订具体的日程计划，尽可能安排与虚拟团队见面，当然，参加这些会议是优先处理的事。

要像和管理直接接触的团队一样，你必须能够通过恰当的方式鼓舞虚拟团队的队员，在开会的时候吸引他们的注意力。不管是用故事、影像、趣闻还是隐喻，只要能刺激你的团队并鼓励他们和你以及其他队员沟通，都可以拿来使用。你将来还需要为虚拟团队和与你共处一室办公的队员建立沟通的桥梁。要把他们看成一个团队，而非分开的两个团队，这一点很重要。如果做不到这点，你面临的风险可能是这个团队里会产生“我们这些人”和“他们那些人”的区分，而不会仅有“我们”这一个称谓。要避免这个风险，你可以做一件简单的事，即建立一个网络平台，所有的队员都可以以同步或异步的方式进行互动。

虚拟团队通常意味着文化多样性

你应该理解大多数虚拟团队中都存在非常多样化的文化，例如，一位来自亚洲的销售总监可能在为一家欧洲企业工作，而他同时又在一个非洲国家做代理人。你的责任就是了解所有这些文化背景。身为虚拟团队的管理者，你的职责就是充分理解各方面信息，并在管理中做到灵活变通。

理解混合型团队面临的难题

很多人都认为建立并维护面对面的关系更加简单，因此，如果你的团队中有一位队员在国内和你是虚线报告[①]关系，这种关系相对于虚拟的直线汇报关系来说更加稳固，也更容易维护。之所以有这种优越性，在于你和这位队员文化相通、距离较近、社会交往比较方便，但这种优越性也会造成不良后果，比如它可能无意中破坏正常的汇报流程，而这样的局面你必须考虑到并欣然接受。

虚拟团队有可能分裂成几个小集团，这可能与文化和地域分布有关，而不是业务方面的原因。它会阻碍团队的效率，你需要抽时间跟每位队员交流，以求打破这些无形的壁垒，维持团队的整体性。

不同的工作方式

建立尊重队员的工作方式对虚拟团队来说很重要。标出团队里不同队员所在的时区，找出你能同时会见所有人的工作时间段。标出他们的工作日（记住节假日以及不同的周末时间），找出整个团队可以一起工作的时间。虚拟团队的会议要谨慎安排与执行，需要讨论的材料必须提前分发出去。如果部分或者所有与会者在会议期间讨论并倾听时要使用非母语的语言，就需要给他们预留额外的反应时间。一定要建立强大的反馈系统，保证对你有益的东西能够同样有益于所有的队员。

① 虚线报告：指某位领导并不分管你，或者某位领导是你直属领导的领导，遇到紧急情况时你可以向他汇报，而不属于越级。

虚拟会议的气氛

虚拟团队的会议同现场会议有着巨大的区别，例如，对于会议中的沉默你要更有耐心。相对于现场会议来说，虚拟团队会议的与会人员需要更多的时间去理解、思考、整理思路和建言献策，一定要确保在队员达成一致意见之后再继续推进会议。同样更加困难的是如何确保每位与会人员都要有所贡献，因为身处虚拟会议室，要扫视所有与会人员或观察室内的气氛是不可能的。

明确团队的性质

这个虚拟的团队是临时组建的还是长期性质的？它是一个肩负多个独立任务的工作组还是一个拥有具体共享目标的团队？如果你管理的是一个临时组建的项目组，那么要想工作取得成功，你在时间、精力和投入方面都会面临更多的阻力。在这样的团队里开展工作往往更难，你要帮助队员认识到团队能给他们带来什么，而不是只顾自己能从团队得到什么。

管理虚拟团队可以也应该是和管理实时团队一样有回报和激动人心的，正所谓，投入得越多，得到的回报就越多。

会议沉闷

在任何企业里，会议都至关重要，但不会有人喜欢毫无效率的会议。有些队员之所以开会时总迟到早退，是因为他们忍受不了开会的方式，也不喜欢会议讨论的内容。甚至在某些时候，组织得再好的会议也会很沉闷。你需要具备高超的人际能力，能及时发现会场上的微妙变化，让会议回归正题，让队员再次充满精力，一直保持良好的势头。

首先，想一想：

- 解决这个难题的关键就看你能不能在会议开始陷入沉闷时做出适当的反应，当然在此之前的筹办工作也同样重要。你是否擅长观察与评估，并快速行动？是否擅长解读肢体语言？是否了解与会人员中谁性格更外向，谁需要巧妙地引导才会建言献策？你是否能感觉出来谁会很快变得烦躁与心不在焉？
- 在主持会议方面你是否有着丰富的经验？如果没有，你会不会考虑鼓励更有能力的人去主持会议或者让队员轮流主持，以此创造并保持良好的势头？
- 会议中可能出现怎样的事情导致人们的注意力分散？会不会有人的平板电脑、手机、笔记本电脑或者其他电子设备没有关闭？
- 你的会议筹备得如何？有没有提前分发会议材料？是否给每个议程项目或达成既定目标留有足够的时间？
- 如果议程上安排有人做报告，为确保报告人准备充分以及报告能引人入胜，你可以做什么？
- 会议是否主要评估并了解一些数据，或者更多的是讨论注定备受争议的复杂问题？会议是否要正式批准其他人的决定？如果是较长的会议，你能否安排合理的休息时间？

行动思路

熟练掌握会议管理技能

一般来说，提到会议管理技能，人们首先想到的是如何主持以及如何推进进程，毫无疑问，你肯定想游刃有余地掌握这些技能。很多企业都是会议导向型的，相关技能就越发重要。除了这些技能，你还需要磨炼一些软技能，比如察言观色的能力，要学会观察哪些人已经烦躁了，哪些人没有全身心投入，哪些人注意力分散了，等等，这些人正是导致会议沉闷的原因。不用忌讳让你信任的员工帮你做观察，如果你对参加会议的人足够了解，轻而易举就能找到这样一个人，这也说明，平时加深对队员们的了解能在关键时候助你一臂之力。

关于会议期间电子设备的管理问题，不同的企业有不同的惯例。电子设备对会议的破坏作用是难以想象的，一旦打开，好处与风险并存，因为它们真的很让人分心。现在，很多企业同意会议期间可以频繁地使用电子设备，如果你的企业也是如此，那么你就有责任审慎地管理它们的使用情况，以保证会议获得利益，而不是出现损失。

确信开会是最好的机制

你必须问自己这样一个比较难以回答的问题：这个会议是否真的有必要开，或者开会是不是取得你想要成果的最佳方式。有些企业的文化是基于会议之上的，但即使在这样的企业里，上面的这个问题也值得斟酌一番。一旦确定会议有必要开，就要保证准备工作已经充分做好。缺乏充分的筹备或清晰的议程，会议就有可能陷入沉闷的境地。在每次开会之前，你要确保自己已经做好了分内工作，保证你和与会者都对目标有十分明确的了解。提前分发会前需要阅读的材料清单并告知个人他们应该做的准备，涉及的所有人一个都不能漏掉。会议越简短越好，但同时要确保每个人都有机会发表自己的观点。如果你对一些小事情感兴趣并不断深究，或者让某一个人或某一件事主导了整个会议，与会人员的注意力就会分散。

开会期间，如果有的与会人员认为自己此时在会议之外做其他事情照样可以做出卓越贡献，那么会议也会因此陷入沉闷。或许他们手头上有急活儿正在赶进度，或者有大项目马上就要收官，注意力就此分散了。任何时候，只要有人认为在会议之外有重要的事情正在进行，要让他们保持注意力往往就很困难。

让开会成为有意义的经历

要避免会议陷入沉闷境地，就要找到一种能让与会人员不断保持精神振作状态的策略。鼓励他们就会议应如何开展不断提出反馈和新想法，制定开会行为准则，这样的做法都是可取的。如果与会者在这一问题上曾建言献策，开会时他们就会为取得积极成果而全身心投入。同样，人们对会议内容充满期待，而会场准则已经制定，那么会议就更有可能取得积极成果。

如果你主持的会议里安排有人做正式的报告，确保他们为此都做了充分的准备，并能充分展示出来，否则，报告很快就让会议变得沉闷。时间允许的话，你可以尽量帮助那些年轻的发言者润色报告内容，并就如何做报告给予相应指导。这样做有双重意义，它不但会活跃你的会议氛围，还可提升你在企业里的名望。

管理不当导致会议沉闷

与会人员需要定期的休息，特别是遇到会议内容详尽或复杂时，通过适当的休息就能保持精力，如果可以，准备一些茶水点心再好不过。

大多数会议沉闷乏味，究其原因，都是因为缺乏准备，事先没有考虑到会议主导者的作用。如果将提高会议效率看成自己的职责，那么你在会前和会中可以做很多事来确保与会人员在会议期间保持足够的精力。

会议离题

会议离题，即会议的目标未能实现，或目标因会议期间发生的其他事情而被搁置。会议离题的原因可能是人际摩擦或者会议要探讨的事情比较紧急，而与会人员对此始料未及。充分的计划与筹备和良好的会议管理可以把这种风险降到最低，但同样重要的是，在预防不成功而出现突发状况时，也能知道如何应对。

首先，想一想：

- 对于会议离题的情况，你是否有相关的准备？与会人员对会议议程内容或者设定的目标有何看法与感想，你对此是否知道、能不能知道？会议期间会不会有人提出可能与你的观点极其相左的意见？
- 在开会之前，针对那些你担心可能导致会议离题的个人或群体，你可以怎么做来预防这样的风险？
- 你能不能——或者说应不应该制止可能导致会议离题的意图？如果不能，这会对其他议程或者其他与会人员造成怎样的影响？
- 会议离题会不会是出于什么秘密意图？如果是，它是个人意图还是与员工的职业角色或职位相关的意图？人际摩擦是不是其中部分原因，换句话说，会议离题实际上是另一场斗争的一部分？
- 如果你不反对会议离题，但为确定其他所有人都能对会议主题方向的改变有所准备，你该如何解释？

行动思路

不找借口：做好计划与准备

有些人总是认为做计划与准备单调乏味，令人生厌，认为本职工作压力已经很大，日程表也排得满满的，就无须多此一举，为做计划与准备而额外投入精力。不幸的是，毫无准备就开会却希望获得理想结果无异于缘木求鱼，而其中的风险也非常大。

经验会告诉你，花时间做准备绝非浪费，正如人们常说的那样，“失败的准备就是准备失败”。在开会前你要确保该做的准备都做好了，比如，要思考会议的性质以及与会人员的情况：你是否知道自己想从会议中得到什么，其他人对此可能有什么看法？你有没有制定议程并提前分发给与会人员？你是否了解会议中可能引起争议的话题是什么？是否了解与会人员的品格以及小组的活力？照此，你很快就会发现需要做的准备数不胜数。

会前确认问题并着手解决

理清这些状况后，你就会发现一些问题是需要在会前就解决掉的，否则就可能成为会议新议题，就是说，可以提前和其中一位与会人员就问题进行讨论。即使这样的讨论并不能解决那个问题，但你至少可以在会前就了解到可能的反对声音，继而做好相关的准备。

评估会议离题的益处

在会议期间，如果真的发现会议有离题的迹象，你需做出快速的反应：这个未预料到的议题、远见或者反对意见是否十分紧急，会议是否必须因此变更主题？如果从本质上来看这次会议离题是因为新的议题十分重要，并且也是十分紧急的业务问题，那就需要结合团队与（或者）企业的目标和任务来综合考虑。想一想，允许会议离题并讨论新的议题，或者反对新的议题并遵循会议确定的目的和议题，哪个才能更好地实现团队与（或者）企业的目标和任务？记住，快速找到导致会议离题的原因，你才能做出适当的回应。

会议不是在真空中进行的

一般来讲，所有的与会人员相互之间都有一定的了解，他们在参加会议的同时就带入了过去的冲突所产生的摩擦以及人际关系带来的感情包袱。通常，会议里都有一股随时可能爆发的情绪暗流，尤其是正逢队员们为职位和影响力争得你死我活的时候。比如说，基于过去的经历和之前的印象，某些队员对其他人会表现出不尊重的态度，这股情绪暗流总会影响人们对其他人提出的看法、观点、建议和推荐等产生不同的反应。

作为会议的主持人，你的职责就是要确保之前存在的紧张局面不会导致会议离题，也不会对决策的制定产生影响。充分筹备很重要，但是在现场，推进会议进程的技能也同样重要。要倾听每个声音，但是哪一个声音都不能主导会议；议程必须遵循，计时必须公正。你要学会表扬积极的贡献，同时对于那些没有益处的贡献，你要知道何时加以控制。

预测利己主义和秘密意图

有时候，会议之所以会离题，是因为队员只关注自己个人感兴趣的领域，而不考虑如何解决当前正在讨论的实际问题。人们往往在自己的舒适区[①]里心情最愉悦，而你有责任让他们密切关注真正需要探讨的主题。在这方面，一个清晰明了的议程表就非常有用。

私密的意图可能是个人方面的，也可能是工作方面的，一般很难被人发现。例如，有人可能想避免做更多的工作，所以就建议说另一个与会人员更能胜任它。如果你真的认为有人在打自己的如意算盘，可以当面质问或者不断提醒他们既定的议程，让他们知道私密的意图是不能得逞的。

如果你已经尝试了以上所有方法，但仍然感觉会议不够成功，不妨这样思考：一些企业的文化是以会议为基础的，大多数问题其实在开会讨论前已经有了更好的解决方案。会议如果缺乏重点或者目的，它很快就会让参与者感觉厌烦无聊，而注意力水平下降，不满的情绪越积越多。因此，在你准备开会之前，首先要扪心自问一下：和这些人开这个会是不是处理并解决这个问题的最好办法？

---

① 舒适区：指的是一个人在熟悉的环境中的状态和习惯的行动，人会在这种安乐窝的状态中感到舒适并且没有危机感。

第三章

来自外界的难题

客户、供应商和合作伙伴都有一定的权力改变规则，毕竟他们的圈子也是变数较大且极具挑战性。然而，如果他们在这方面做得太极端，那么纵使你有心管理团队以实现预期目标却也无能为力做到最好。你必须处理这种不恰当的待遇，但这是一个很敏感的问题，应对时要格外小心谨慎。处理得好，你和你的管理技能就会得到团队和利益相关者的尊重与欣赏。本章提供的建议将帮助你考虑应该考虑的事情并使用最合适的方式去处理。

Challenges with externals Part 3

如今的管理者不得不应对因利益相关者的变动而产生的复杂问题。通常，这些最重要的利益相关者是客户、供应商和合作伙伴。管理者，特别是服务行业的管理者，可能需要不断应对一些敏感的难题，比如不切实际的要求、无正面回应的行为、傲慢自大或者频繁改变规则等行为。

对管理者来说，这些都是比较难以应对的，因为你是企业的面子，常常被看作代表整个企业。有时候，你自己掌握着至关重要的关系，因此你犯的任何错误都会令企业为此付出巨大代价，并且它们也都会损坏你的信誉和职业前景。

面对这样的高风险，在处理难题的时候获得好的建议能让你减轻包袱，更有信心。针对客户或者顾客可能提出的不切实际的期望这类问题，本部分提出了相应的解决方法，并告诉你如何确保团队不会受到不公正或不恰当的对待，我们同时还分析那些行事说话没个准儿、不愿回应你或者不愿给你决议或许可的客户，对他们越是了解，就越能助你百战不殆。

很多外界利益相关者自认为高人一等，因此表现得傲慢自大，管理者不得不应对来自他们的压力。在处理这类问题时不引起紧张或者敌对状态是非常重要的，但绝不能置之不理，否则就会助长客户的气势，他们会不再尊重你，甚至不尊重你的团队和企业。

不切实际的期望

和你有业务往来的一个企业总是给你提出复杂的要求，并设置异常苛刻的截止期限，但对于你提出的问题或者要求，他们却总是回应迟缓，或者错过你提出的截止期限。客观来说，你们本是合作伙伴的关系，但你感觉你们之间更像是主仆关系。

首先，想一想：

- 你们之间这种关系的本质是什么？你是服务的提供方、供应商、顾客还是利益相关者？有没有可能建立平等的合作伙伴关系？
- 从以往的交往来看，你们的关系怎样？你认为他/她是怎样看待你们这种关系的？
- 与和其他类似企业之间商务往来的方式相比，你与这家企业之间的关系如何？
- 这个客户的行为对你的团队以及整个企业有什么影响？

● 企业里其他利益相关者怎样看待这位客户的行为？其他人是否也认为他们的期望不切实际？

● 对于他们的企业文化和工作方式你了解多少？是不是发生了什么事情，令他们个人或者整个企业面临特别的压力？

行动思路

理智的行为是最低的标准

对任何业务关系都要抱合理的期望，这一点在业务往来中非常重要。很多成功的业务关系并非建立在双方平等的前提下，相反，是建立在服务意识之上的，而服务意识强调的是互相尊重。在这种关系中，更切实际的目标就是建立互相尊重的关系。

互相尊重有助于维持关系

对业务交往而言，如果互相尊重很重要但没有建立起来，那么这种关系就很有可能维持不了太久，关系中的双方总会受到那些相互之间已然建立了这种关系的竞争对手的冲击。例如，一家涂料生产商为一家汽车生产商提供特殊的金属油漆，他是唯一的提供商，但这两家的关系并不非常好，如果另外一家供应商也能提供类似的产品，那么这家涂料生产商就不再有安全感。

纯粹的交易关系并不需要这种互相尊重的氛围，例如，一家制药公司跟他们的文具供应商之间可能是纯粹的交易关系，但他们跟原材料提供商之间则可能是互相尊重的关系。因此，重要的是要对你们关系的质量和本质具备清晰的认识。

不要期求完美

首先，你要决定是否需要采取任何行动，如果需要，那么要采取怎样的行动。任何关系都不是完美的，特别是当你作为服务的提供者时，有些事情你必须接受。

其次，你要决定你的问题是和牵涉的个人相关还是和他的企业相关，即你不认同的行为是代表他们企业的规范还是它仅仅是对方负责人的个人行为？如果是和个人相关，而与企业没什么牵连，事情处理起来的余地就大得多。

对业务关系承担的东西要现实和客观

对某个人越是了解，我们对他就会更容易坦诚一点。因此，同样是我们不认同的行为，发生在老朋友身上比发生在新认识的人身上更容易处理。要记住，关系是要花时间来建立和培养的，目前的局势或许仅仅是你们之间还处在最初的磨合期所造成的。同样，新认识的人通常想给自己的同事和管理者留下印象，在他看来，最好的方式就是对你态度强硬。

另外一个可能性是那个人而不是当时的局势惹怒了你。我们不会用同等的方式对待每一个人，但要想成为一个好的管理者，你必须能够和那些即使自己非常讨厌的人建立良好的合作关系。

当然做事客观是十分重要的。问问你信任的同事，看看他们对那种行为的看法是否和你一样。再想一想其他的客户或者顾客，他们是如何行事的，他们会提出怎样的要求？你之前的职位或者工作中有没有什么经历能帮助你鉴别这些要求是否不恰当或者是否与他们企业的章程不符？现在是苛刻的时代，在这样的时代里，我们要理解客户或者顾客也一定会提出苛刻的要求。

不要做鲁莽的傻瓜

如果你决定采取行动，刚开始的时候可以尝试一些低风险的巧妙策略。例如，针对那些实际上没有必要十分紧迫的截止期限，你可以发邮件或打电话，委婉而巧妙地让他们意识到存在的问题。或者，如果你怀疑那些不合理的要求是个人提出的，你可以尝试向他的企业而非他本人提出暗示，比如，你可以跟客户说："贵企业提出的这个截止期限有没有可以商量的余地？"或者："您认为在这样紧迫的期限内完成的工作质量会是怎样的？"这样会让当事人重新考虑自己提的要求，同时并不觉得自己受到了批评而极力为自己辩护。

显而易见的是，如果你把不满的事情列一份清单，然后找客户或者合作伙伴理论，事情可能不会有任何进展。要想真正解决问题，一个更加正式的会谈往往是最可靠的。以一个开放性的问题作为开头能收到不错的效果，比如"您觉得我们的合作怎样？""关于我们合作的事情，您是否觉得有哪方面需要改进或者值得反思？""鉴于我们目前的关系十分重要，我们是否应该在如何定期回顾业务板块中加入反馈这样一个环节？"通过这样的询问，你就可以在表达自己的忧虑之前先听一听客户的观点，并对他们的想法先做一些积极的反馈，然后再提出一些建设性的、关键的评论。

开启这次会谈之前，你要准备好就如何改善你们的工作关系提出一些积极的建议，这些建议应该尽量具体、现实并具有建设性。

同时做好冒险的准备

如果你真的想尽办法而当前局势仍没有改观，不妨尝试一个高风险的做法：和客户所在的企业里一位利益相关者探讨当前发生的事情。你可能发现，不是你一个人觉得维持那样的业务关系很困难。这样做你还可以得到不同的反馈，从而以不同的视角来审视当前的局势。当然其风险在于你可能被看作告发其他企业成员的人，降低这种风险的前提便是你和那位利益相关者的关系非常好，而不采取行动就会损害你们企业和那位客户之间的业务，那么这样做也不失为另辟蹊径的有效方法。

回避或无正面回应的行为

如果供应商或者客户的回应达不到你的期望，那么就算你想保持高水平的绩效也非常困难。比如，他们总是很晚才用电子邮件或者语音信箱方式做出回复，你后面就会碰到严重的连锁反应，即需要做的紧急决定不得不被延迟，因为你需要的信息未能及时到达。

首先，想一想：

- 你们关系的本质是什么？你是不是供应商的重要客户？你的供应商是否提供重要或独特的产品或服务？
- 这是偶尔发生的状况还是经常出现的情况？如果是事出有因，你能否知道可能发生了什么改变？能否了解供应商可能分心的原因？
- 你是否确信自己已经清楚地传达了你们企业要求的决议和时间期限？你是否向供应商提出了过分的要求？能不能再做更多努力，想办法帮助他们向你提供服务或信息？
- 你和主要联系人的私交如何？在业务来往中你们两个人是不是有人比较冷漠、拘谨或者沉默寡言？
- 有没有可能这笔交易对供应商来说无利可图或者赚得太少？你们的合同条款是不是在最近已经有所变动？你能否猜到你在他们的优先服务名单上排第几？
- 企业和这位供应商之间还有没有其他什么关系？如果有，这些关系发展得怎样？该供应商在你们整个企业中是否颇受欢迎？

行动思路

退一步考虑

如果这种无正面回应的行为不同寻常或者与之前的风格不相

符，你首先需要争取与供应商取得私人联系。如果不能取得联系，可以尝试和他们企业其他人联络，设法弄清楚到底是怎么回事。你可能发现供应商有正当的个人原因，同样，也可能是出于商业变故，例如，最近他们企业被收购，企业正在裁员或者发生了罢工。

接着，弄清楚你们之间业务关系的主动权在哪一方。仔细斟酌一下这种关系对你们双方而言到底有多重要。例如，拥有独特产品的大型供应商可能在无意中疏于关注比较小的客户，而将大部分注意力集中在大客户身上。了解你们之间关系的确切性质是你的职责，并且你应该相应地提出合适的期望。有可能你和企业更加需要你的供应商，而非你的供应商更需要你，了解事实，接受事实，哪怕它令你不快。

如果这种回避的行为已经司空见惯，超出了你的接受底线，你就需要计划如何把这个问题反映给供应商所属的企业。行动前，你要想清楚自己需要什么，并就如何改善当前局势准备好一些具体的建议。为了以防万一，你可能还需要为可能的失败后果找好退路，比如寻找其他供应商等。

最后，如果这种回避的行为是常态，而客户在你们的关系中又实际掌权，那就没必要再做多余的事情了。要知道，如果客户掌控一切，而这次业务对你的企业来说非常重要，那么你要认识到贸然行动惹恼了客户，后果可能非常严重。

必须采取理智、负责任的行为

确保你提的要求合理，清晰并且恰当。例如，想办法建立供应商满意的系统和流程，确保双方所有会谈的主题都清晰明确，确保供应商能赚取合理的利润，从而使他们能更好地为你提供服务。

不要害怕果断

如果确定了问题的核心就是你们的关系，而你自己在关系中掌权，那么你可以公开解决这个问题。和当事人坦诚地交流观点，如果这样不奏效，则可以要求供应商换一个联系人。

如果你们的关系正趋于瓦解，但是你又想把这个供应商挽留下来，不妨授权给团队中你认为更适合维护这种关系的队员，由他出面去处理。不要把这样的事看作失败，毕竟人际关系的变化总是难以预料，也很难应对。

向他人学习

如果企业和该供应商存在多重关系，你可以找那些已经和供应商所在企业有业务往来的同事，和他们谈一谈自己的经历，这有助于你确定到底当前的局势是个人问题还是企业文化的问题。如果你发现该供应商对待你们企业所有人都采取无正面回应的行为，那么这就是一个战略性的问题，你和同事要一起向管理高层反映。

买家有自己的选择

如果确信自己并不是这个供应商足够重要的客户，可以考虑寻找其他的供应商。有时候，较小的供应商可能更加渴望你这样的客户，更有决心为你的业务提供质量上乘的服务。

居高临下的傲慢态度

面对他人居高临下的态度，你要想与之保持积极、专业的工作关系会很困难。有时候，这种人不光傲慢，如果你拒绝他们的要求或提出另外一种观点，他们甚至会变得咄咄逼人。鉴于你们之间的重要关系，你必须寻找解决办法来改变这种局面。

首先，想一想：

- 如果和对方意见相左，你对自己的立场和观点有多坚定？这个人是否信任你并认为你很能干？
- 如果有其他人在现场，这个人的行为是否有所不同？此人对待你的行为和对待其他人的行为是否一样？
- 是什么导致了恶劣态度的激化？是因为你说了什么或者是你说话的方式不对？面对他们居高临下的傲慢态度，你的反应是什么？
- 这个人的说话方式和他所说的内容，哪一个更让你恼火？
- 你们企业内部对这个人和他的行为有何看法？有没有人和你一样难以接受对方的态度？这个人是否由于面临巨大的压力才表现出如此的行为？

- 有没有其他人能和你共同管理这种关系，甚至能全盘接管这部分工作？

行动思路

任何关系都是双向的

你们的关系中包含着你和这个人的关系以及他和你的关系。个人行为不是凭空产生的，一般来说，都有诱发因素。因此，即便你并不同意他们给出的回应或回应你的方式，你仍然需要仔细审视一下自己之前的行为，应该看一看在别人眼中你自己是如何行事的。这一点很重要，但多数人都做不到。

在处理关系难题的时候，你很容易关注自己的感受，可能当时就想予以回应，但通常情况下，冷静下来后再回应效果会更好一些，也就是说，直到你能理智地审视局势，而不是意气行事。当然，说起来容易做起来难。

试着寻找原因，不要纠缠于影响

任何人面对他人的恶劣态度时，都会不高兴。但是，只有了解到为什么他要那样对你，你才能有办法改善当前的局面，找到了原因，才能决定该采取什么行动，以便从根源上解决问题。一般说来，对某人了解得越多，你就越容易发现他的立场和价值观是什么，面临怎样的压力以及抱有怎样的动机。

有时候，我们憎恶或讨厌所见所闻，因为其中的确有可信的地方。对自己坦诚一点吧，如果他人所说很伤人但确有其事，例如，他们建议改变销售的经营方式，记得不要为难给我们提出意见的人，你要做的是区分所说的内容和说话的方式，确保你没有只顾着发泄自己的怨气。

决定是否需要针对此事采取行动

你能不能忍受这种行为？在这里你需要思考以下几个重要的问题：你们之间的工作关系应该是怎样的，应该多久会面一次，这种不良的关系对各自的团队有何影响，双方所在的部门在企业中有什么权力，你们各自在团队中的地位和名声如何，最后，它对销售或收入有何影响？

如果你决定任之发展，那就不应该再为它心烦。退后一步考虑并保持客观的态度，做出这样的决定也是很明智的。

相反，如果决定采取行动，你必须定好一个行动计划，并在行动前清晰认识到行动可能产生的影响。不要匆匆忙忙就开始行动或说出什么可能令人后悔的话。

面对对方的咄咄逼人，你对自己的行为是否有足够的底气？如果是你自身导致冲突升级继而关系破裂，你应该和他承担同样的责任。承认自己应承担的责任是建立更好关系的第一步。

向尊重的人寻求意见

可以单纯地询问一下他们对那个人有什么看法或者他们建议你该对他的行为做怎样的回应。或者，你会发现与某个人一同探讨行为背后的原因对你很有帮助。最后，可以听一听别人对你要采取的行动甚至要实行的计划有什么看法。这种与他人讨论自己的想法或者进行模拟会谈的机会都是非常宝贵的。

用一对一交流的方式处理令人不快的行为

根据局势的严重程度，选择不同的处理方式。合适的话，不妨用幽默来缓和紧张的对峙。或者，比较严重的时候，可以质询对方的说话语气和内容。你最了解自己，所以最清楚自己处理问题的方式是什么。尝试选用非对抗或非对立的方式，例如，不要直接告诉他你觉得他说话冒失无礼，而是询问他为什么要选用那些特别的词语。

如果他只是在其他人面前做出这种让你感觉不快的行为，他那样做就不是为了你的利益，而是为了在场人的利益，那么，你就需要考虑其他人的利益所在，比方说，他们是为了权力的交易还是为了更大的意图在耍什么手段？这种行为的背后可能存在企业运作方面的原因。很多企业内部的竞争非常激烈，特别是在销售方面更是如此。如果你的部门表现欠佳，此人可能认为他因此可以对你肆意妄为。倘若你的团队没能成功地实现目标，不妨先等到团队回到之前的表现水平后再采取行动，这样会反过来增强你的实力。

要对你们之间的关系有清晰准确的定位，这样你才会知道该如何与他进行业务往来。同时，你还可以看一看此人在其他人面前是如何表现的。不管是他/她信任的人、喜欢的人还是尊重的人，他是否对每个人都采取居高临下的傲慢态度？如果是，你就在应付此人时会处于非常有利的位置，比你想象的还要有利。

经过观察，你了解到此人的行为是源于职位或艰难的考核目标带来的压力，不妨降低你对他的要求，甚至为对方提供一定形式的帮助，这会有助于你们之间建立更加良好的关系。

分担压力

或许是出于商业竞争的原因，或者你觉得自己已尽力但仍未能处理好这样的关系问题，因此认为你们之间的分歧不可调和时，不要忘记你可以请别人为你分担压力，比如说，请团队中信得过的同事帮你共同经营这种关系。

不断改变规则

不断改变外包项目的规则会让人感到非常沮丧。你找到了合适的解决方案或实现目标的新方法，之前的规则就随之改变，那么你自己就必须重新考虑甚至重新做计划。这种沮丧感不仅会影响你和自己团队的关系，也会影响你和“规则真正的拥有者”——外包单位的关系。

首先，想一想：

- 你是否支持不断变化的项目或目标？
- 企业和你本人与外包单位的关系怎样？你是否需要了解一下你们两家企业之前有什么业务往来？
- 为什么规则改变了？
- 频繁改变目标或者截止期限会给你自己、你的团队或企业造成怎样的影响？你怎样做才能把这种影响降到最低？
- 你之前是否和这个项目的负责人或者项目团队有过交往？目前为止你和他们的交往给你留下了怎样的印象？
- 你能不能借企业的名义给他们施加压力？
- 如果这样做出了问题，你会面临怎样的后果？
- 你对这个项目是否有任何掌控权或者影响力？如果有，在哪方面有管控权，对谁有影响力？

行动思路

尽量减少干扰，最大限度取得成功

这里要面临双重挑战：一是做好管理，尽量减少对你自己的团队和企业的干扰，再一个就是与外包单位积极合作，成功实现有益的倡议。

另外很重要的一点就是要了解谁对项目的运作拥有所有权，

之所以要知道这些，原因在于如果你想给项目施加压力或想影响他们的决策，你就可针对正确的人用正确的方法去实行。但是难题在于，你既不是项目的拥有者，也不是项目的顾客，所以你只能尝试去影响他们。你不大可能对他们发布命令，但是能不能对他们施加影响力呢?

扮演积极的角色

你需要让其他人看到你总是提出解决方案，而不是不断抱怨所谓的积极项目——或者至少在企业内其他地方获取一定支持的项目造成的干扰。当然，你要保护自己的团队免受干扰的影响，你也不想团队的目标因此打了折扣，但是这些都不能拿这个项目来做代价。所以，你需要与项目的实施方共同努力，把可能造成的干扰降到最低。

掌控负面的影响

另一关键方面是这个项目给你的团队以及企业内部或外部的顾客所带来的影响。为这两点制订最佳方案和最坏方案以及可行计划。通过这样做，不管将来会面临哪种情形，你都有一个与之适应的计划。

确保外包单位清楚你看重的是什么

你完全有理由要求外包单位了解你的团队和顾客因目标、规格、日期或其他规则等改变而受到了怎样的影响。

有一点外包单位必须接受：尊重一些主要利益相关者提出来

的意见。你需要同项目外包单位的领导人建立良好的关系，这样双方就能共同探讨一个能反映所有相关者切身利益的解决方案。你还必须清楚哪些干扰是可接受的而哪些是不可接受的。要找出典型的不可接受的例子及具体的解决办法，既要让项目顺利进行，还要避免产生干扰或者让干扰减至最低。

意识到问题是解决问题的前提

让顾客意识到干扰的不可避免性，并让他们认识到这个项目将带来的益处，你就成功地引导了他们的心理预期，并将面临投诉或失望的风险降至最低。通过让外部合作伙伴意识到他们频繁改变规则给你的顾客或客户造成的影响，你就恰当地给他们提出了关键的业务要求，他们必须按照要求开展工作。

理解组织政治

这类与外部合作的事情极具挑战性，它通常涉及多方利益主体，而你遇到的问题只是冰山一角。与其被别人看作具有孤岛思维的狭隘管理者，还不如与他们合作，做“最佳实践解决方案”的一员，你会因此获益更多。当然，要当心在你的企业和外部代理组织的关系中可能产生“我们”和“他们”这种区别的风险。

当前的任务可能不是去实现自己的全部抱负，你应该从更高职位管理者的眼神中读懂任何局势变动并采取相应的行动，这正是成熟以及具备巨大潜力的象征。

企业并购

不管是兼并、收购或被收购，没人能否认这是一个企业生命中最为动荡的时期之一，也是管理者必须面对的最艰巨的难题之一。无论是更严重的内部政治、对未知的恐惧、需要建立的人际关系，还是要掌握的新系统和流程，这些东西几乎关系到所有人，而其中一些最明显的挑战正是来自那些外部企业、外部人员、外部合作伙伴以及供应商。

首先，想一想：

- 在你的企业和合作伙伴的企业里谁是关键的有影响力的人物？谁对外部机构或供应商最有影响力？
- 哪些外部机构是与并购方合作的关键机构？对于和他们各方之间的交往你将怎样定性？
- 这是一起恶意的并购还是你们企业期盼的并购？
- 对于这次并购计划，你的团队成员有何反应？他们有什么担忧和顾虑？
- 你需要与外部机构和（或）新合作伙伴有多频繁的联系？
- 你需要掌握什么新技能或培养什么能力来适应此次并购？

行动思路

预期情绪余波

从长远来看，不管并购有多大的积极意义，它总会造成动荡，总有人会因此淘汰出局或担心自己被淘汰。身为管理者，你肩负重要的责任，需要在他们经历这段艰难的时期内给予有力的支持。面对变化，人们通常会经历一系列的反应，其中可能包括拒绝变化、抵制变化、探索如何应对变化，最终适应变化。由于队员的个人情况不同，这种变化对他们的影响也不同，因而反应也会不尽相同。你将不得不应对各种各样的情绪变动，从愤怒到悲伤，从兴高采烈到抑郁沮丧，从胜利喜悦到感觉背叛，应有尽有。

当然，你也需要关注自己对这种变化的情绪反应，和队员一样，你的情绪也会在积极和消极之间摇摆，你可能惊叹于自己竟然对此次变化表现出如此强烈的反应。一旦你了解了自己真正担心的是什么，就可以采取实际的步骤来解决那些你掌控之内的事，并有可能发现自己正在接触新的技能，例如，你未来需要和律师、会计师或顾问在物流、养老金或者雇佣法等领域共事。

处处都有不确定性

请记住，此次并购所牵涉的其他企业与许多外部机构可能和你以及你的同事一样感觉心中无数，焦虑不安。如果你能考虑周全，平衡各方利益，对他人态度和善，并购的进程就会更加顺利，你的声誉也会就此建立起来。

正是务实好时机

把你认为在这段时期内特别有用的技能列一份清单记录下来。想一想自己如何能促进兼并的顺利进行，并在此方面向合适的人提供帮助。如果你想在某些特别的领域施加自己的影响，最好的选择就是花时间去了解一下两家企业目前处于什么状态，将来需要怎样发展。例如，在很多兼并的案例中，被兼并的企业拥有的办公空间和房地产比自己实际需要的更多。去了解有关退租或出售不动产等所牵涉的事情，然后自愿投入到必将发生的复杂的谈判中，你就可能有机会给别人留下深刻印象。

提高自身技能

在与外部机构打交道时，你往往会发现他们在某些方面的专业知识非常深厚，而你只是略懂皮毛。你既要接受这些专家的指导，同时还要防范某些团体利用自己的专业知识去实现自身利益的意图。不要害怕提出问题，多问问题才能加深理解，并且还能保证别人的推荐适合你们企业的目标。

建立自己的关系网

两家企业合并到一起，建立工作关系网就显得更加重要。在企业内部建立强大的关系网会让你受益颇多，但是你还要走出这个圈子，尽量多和其他相关的人建立关系，不管是与你们企业合资的企业员工，还是本次兼并中牵涉到的外部机构里的人，你都可以和他们建立关系。当你和这些外部机构打交道时，或者在新成立的企业开始成型的过程中，这种扩大的关系网就会显示出不可估量的价值，因为你永远不知道，一个意外的人所说的一句表扬的话，或许在什么时候就会派上用场。

专注、认真

在处理以上所有问题时，时间就是一切，有时候不得不快速做出决定。你必须果断而又深思熟虑，千万不要草率。这可能要求你在职业生活中比平常花更多的时间，但它可能是一笔非常值得的投资。

兼并和收购有时候像是一场战争，在所有的喧哗和混乱中，有人会因此名声大噪，有人会借此步步高升，也会有人因此出局。

第四章

冲突带来的难题

你的工作就是要区分观察到的是良性冲突还是恶性冲突，然后决定下一步该怎样做。本章提供的建议极具实用性，帮助你在必要时解决冲突，在情况许可下接受冲突的存在。

如果你认同意见相左就会产生冲突这样的观点，你很快就会意识到冲突就是职业生活中的日常主题，也就是说，问题不在于是否有冲突需要你去处理，而在于如何处理一定会遇到的冲突。本章将讨论的内容主要有：当人们试图掩盖冲突时会发生什么事情，如何与不露声色和情绪化的人相处，高度竞争会带来怎样的挑战，任何事都变成非输即赢的竞争是怎样的情形，消极性攻击行为该如何面对等。

把冲突区分为良性冲突或恶性冲突具有十分有益的作用。良性的冲突是有益的，它有利于团队或群体实现目标，能促使人们在争论中产生新观点、新方法以及新理解。恶性冲突则会阻碍团队实现目标，因为它导致人们分心，把精力更多地投入到冲突中去而不是集中精力去实现目标。这种冲突往往是竞争性质的，通常是发生在私人之间，大多是人们互相不理解或者不尊重他人的偏好或优势等所造成的。

员工逃避冲突

当你向队员提出一个计划或想法，可能希望在做出任何决定之前先让他们就此展开激烈的讨论或交换各自的想法。但如果他们回避这个话题也不情愿进行任何形式的对话，你就会很沮丧，对自己以及对曾经和你商量过的人失去一定的信心。更严重的是，你在团队中的名声也可能由此丧失。这其中的根源就在逃避冲突的员工身上，为避免产生任何分歧，他们宁愿不进行任何形式的交流。

首先，想一想：

- 这个员工可能喜欢怎样的决策过程？
- 你是怎样处理冲突的，是果断型的还是直率型的？
- 你提出的建议有多么偏激，它们是变革性的建议还是进一步改良性的建议？

- 这个人是不是颇受欢迎？你在团队内部的名声如何？
- 企业总体上表现如何？这个时候你提出做这样的变革是否合适？
- 你们的团队文化是什么？有没有“在我们这里如何把事做好的”规范？
- 为了实施你的变革计划，你向团队许诺了什么？团队是否支持你的计划？

行动思路

了解决策程序

有些企业倾向于快速制定决策，有些则喜欢广泛征求意见之后再做决策。同样，一些企业有清晰透明的决策程序，但其他企业的则比较模糊、不那么透明。鉴于决策与处理冲突有紧密的联系，你必须对企业里关于决策的程序和文化了如指掌。

确定你的倡议是否有价值

你对这个倡议感觉有多强烈？如果你的建议极具变革性，而不是一般的改良性建议，那就很难获得队员的同意。如果你做这件事需要得到某人的批准或许可，那么这个人可能表现出来的态度和做事方法会影响你的判断。如果他惯于逃避冲突，那么要想在这件事上取得进展就会异常困难。

需要给谁做说服工作，该怎样做

了解决策者偏爱哪种处理冲突的方式非常重要。倘若他们不愿意卷入任何可能引起冲突的讨论，这种决意要避免麻烦的态度就意味着问题将无法解决，最终可能落得双输的局面。

如果你确信在企业里有其他的关键人物支持你，并且他们同样认为该决策者就是喜欢逃避冲突，那么你可以采用更强硬的手段扫除任何阻力。同样的，如果只有你一个人认为他逃避冲突，那就可能是你处理冲突的方式导致他产生这样的反应。

诚实地面对自己

当你在处理冲突的时候，自我认知尤其重要，对自己的作风和处理冲突的方式要胸有成竹。例如，你非常喜欢争强好胜，那么你需要说服的对象就会避免任何可能与你产生冲突的情形。同样，认识到别人的作风并尊重处理冲突方法的多样性也至关重要。如果你和别人交谈的方式总是让人感觉不舒服、没有吸引力，甚至让人感觉是威胁的话，那么你就不大可能从他们那里听到好的意见。

这样的局面有可能让你沮丧不已，这正是你向导师求助的时机。你可以向导师寻求意见，哪怕只是向他吐吐苦水也会让自己感觉好一点。

体现企业文化

在提出新思想或新倡议时，有一点非常重要，那就是提议的方式能契合企业所提倡的文化并符合企业决策的程序。例如，有一些企业积极鼓励对立的方式，任何人提出的观点和建议都会有人提出评论和批评，为此他们需要花大力气捍卫自己。其他的企业可能则更加正式，等级也比较森严，它们要求提交书面报告，然后充分考虑这些建议并给予评论，这样一来，讨论和辩论的空间就受到了限制。也有一些企业希望你在内部广泛征求意见，通过这种合作式的讨论达成共识。这是一种柔和的方针，要利用这种方针取得任何成功，影响力都是不可或缺的关键因素。

重视自己的态度

要清晰认识到你对自己的想法持有怎样的态度。如果是强硬的态度，你就会很容易被别人理解为顽固不化、喜怒无形甚至是好争斗的人。提出新想法时，你需要考虑别人可能怎样看待它们。如果这些新想法是改良性质的，只是想要把事情做得更好，那它们就不大可能被看作威胁，但如果你提出的想法非常激进，属于变革性质，那它们就会更容易被看作一种危险。你提出改善性想法的方式会和提出变革性想法的方式不同，面对变革性的想法，人们更有可能从最有利于自己的立场出发做出回应。

了解避免冲突的行为有何表现

遇到规避冲突的人，不要和他们当场讨论你提出的想法，更好的做法是把你的想法写下来，以书面形式给他，以便留给他充裕的考虑时间。当你让一个惯于避免冲突的人做决定的时候，可以附带给他做一个分析报告，清晰地表明其中的风险所在以及规避风险的方式，便于他在做决定时更有信心。

还有一种办法：向他说明没有做出决定会有怎样的后果，同时给出明确的时间表。做到这些，你就为自己提的建议扫除了可能遇到的不确定性，同时也加大了和那些感觉难以处理冲突的人展开讨论的可能性。为进一步加大保障，如果你知道自己的直线经理[①]信任并尊重某一个人，可以尝试把那个人拉到你的阵营中来，劝他鼓励直线经理接受你的建议。

一旦决策者逃避冲突，员工的积极性和创新思维就会受到打击和抑制，所以，要确定你眼中的逃避行为在当事人看来并不是恰当的小心谨慎的行为。

了解大局

受经济萎缩的影响，企业面临巨大的压力，决策者就会更加保守，或更倾向于规避风险。你要确保自己了解整个大局，在那个大背景下提出适合的新想法。

尽早与团队商量

一般来说，你不会不经团队共同讨论就直接把想法或倡议递交给企业的决策者，这其中的微妙平衡在于：你需要团队的支持，但如果你知道获取批准很难，就不能给团队过度承诺。同样重要的是，如果没能获得批准，你也不能暗示团队那是因为决策者的某个缺点或不足所导致的。

---

① 直线经理：负责企业职能部门运转的人，如生产经理、财务经理、销售经理等。他们不仅要从事直接的生产管理活动，还要对组织和下属员工负责。

灵活变通

如果你的上司行事谨慎，钟爱回避冲突，那么，在向他提建议时，最重要的一点就是突出你的合作态度，放下自己果断或争强好胜的个性。你必须让他感觉到你是在说服他，而不是强迫他同意，最好的结局就是上司觉得是他和你一起努力创造了比当前更好的局势。

不露声色的员工

你可能时不时地发现个别同事、队员或者利益相关者看起来总是沉默寡言、很保守或者不善于体会与表露自己的情感，但你又不得不和他们打交道。你可能觉得和他们交流很困难，而团队的发展也因他们这种疏远的态度受到影响。不管如何，你必须和他们建立并维护良好的合作关系。

首先，想一想：

- 你和这个人在工作上的关系如何？你感觉你们的关系是互补的关系吗，或者能不能成为互补的关系？其他人会不会喜欢你截然不同的风格？
- 你是否尊重此人为解决你们共同面临的难题所做出的贡献？
- 其他人对你们的关系是否满意？

- 如果你对某人在个人层面上了解不多，你是否觉得很难信任他？
- 是不是团队的发展的确受到了阻碍，或者只是你在享受团队发展的过程中受到了他们这种行为的影响？
- 其他人是否也受到了这种行为的困扰？
- 企业里其他部门对此人的看法是什么？

行动思路

尊重人与人的差异

尽管我们很自然就会被某些类型的人所吸引，但还是要学会尊重不同类型的各类人给团队和项目所做出的贡献。我们可以尊重并欣赏队员在工作上的贡献，而不需要喜欢他或者和他做朋友。团队需要各种不同的技能，而掌握这些技能的人通常都表现出不同的性格。到底他是你喜欢一起共事的人，还是你只喜欢他所做的工作，这两者需要区分开来。

积极主动

即使有些行为或风格你并不喜欢，但你仍然要接受它们，这一点非常重要。然而，如果管理风格开始影响团队绩效或者士气，你就需要采取一些行动。你可以选择找当事人本人来解决问题，也可以找他的上司或者找自己的上司去解决问题。如果你已经找过当事人，但碰壁了，不妨再尝试一次，然后再向上一级管理层汇报此事。通常，把问题反映到上一级总会导致局面进一步恶化，当事人会因此戒备心更强、举止更保守，或者会更加消极抵抗。

和他多交流

这样的交流必然会很艰难。好的管理者一定会尽一切可能来缓解这种困境，他们会为此做好充分准备，并尽可能以最合理的方式向当事人提出存在的问题。在这样的交流中，不要表现出居高临下的态度，也不要欺负他人，这一点至关重要，但常常被遗忘。

不要沉溺往事，多想一想需要做怎样的改变才能让你们的关系重新恢复生机，再次获得良好的势头。一定要承认当事人给团队或团队活动带来的优势。最好的结局就是，你们共同找到一种对团队建设和获得成功最有利的工作方式。

为给交流做准备，你可以咨询项目团队的队员、同事和利益相关者的意见，咨询的时候一定要观察敏锐，娴熟干练。其中的关键点在于选择问怎样的问题。一定不要诋毁其他人的名声或地位。通过询问他人关于当事人的表现和进步、优势和不足以及表现出的热情和兑现的诺言，你都可以从中了解当事人个人风格带来的任何问题（如果有的话）。

这事不只和你有关系

请记住，项目设定的目标不是必须让你更加满意。那些需要采取互助行动的项目或任务自身具有一定的特性，每次参与的人员会不同，你面临的情况也就不同。所以，退一步考虑，其实你自己并不需要享受这个过程，当事人的个人行为让你感觉不舒服，你也不一定需要去改变他们。

你可以考虑让另一个性格更好的队员和这个特别的人一起工作，并且让他在这些活动中担当更突出的角色。

评估并了解风险

可以肯定的是，如果利益相关者能和他们自己的团队以及其他相关的人员建立友好的关系，那些需要通过互助行动才能顺利开展的工作才更有可能取得成功。因此，那些更加内向、保守的个人同样需要和其他关键的利益相关者建立友好关系，也需要和他/她自己的团队以及其他相关的团队建立良好的关系。

除了考虑项目的绩效指标，将视野扩宽一些会更有帮助。如果团队士气不断下降，项目就不会顺利进展，因此这样的问题就必须解决，否则，项目最终会受其影响。如果此人参加了长期或复杂的项目，你可以考虑在团队建设活动方面多做工作，帮助队员在差异性的基础之上建立个人关系并学会彼此互相欣赏。

情绪化的员工

有时，人们在工作中不可避免地会带有些许情绪，但你可能发现团队中个别成员经常控制不住自己的情绪。也许只是有人不同意他的观点，批评他的成果或是提供另一种看问题的视角，他却因此变得极其沮丧难过、咄咄逼人甚至泪眼婆娑。此时可能出现的新问题是，人们会越来越不愿意与此人有任何冲突，最终影响到团队的效率。

首先，想一想：

- 这种行为已经持续了多久？你是否应该更早地应对这种状况？有没有其他队员或者外人抱怨过这种行为？
- 你注意到这对工作效率和质量带来了什么危害？这种行为对团队的影响有多大？
- 这位员工在团队中处于什么样的位置？他是否颇受欢迎且备受尊敬？
- 这种行为是否仅限于团队内部，还是这位员工对待客户、顾客或其他部门成员也是如此？
- 以前其他人是如何处理这些情绪失控状况的？
- 在处理因面临专业难题而产生情绪的情况时你是否得心应手？
- 团队其他成员的行为方式是什么样的？这名员工发泄情绪的方式在团队中是否算例外？

行动思路

处理问题前先了解来龙去脉

对问题知道得越多，了解得越多，就更有可能跟这位情绪化的员工展开建设性的交流。因此，尽可能多地找出关于这位员工的资料，以及他之前的履历，如果可以，他工作之外的状况详情也可以了解一下。想一想，这种行为是反复出现的还是最近才有的？如果从其他利益相关者方面了解此人，调查时要谨慎小心。

尽量跟这位员工建立起私人关系，不一定非要是朋友关系，但至少是一种良好的工作关系，即抛开职位局限正常交往的关系。

不断寻找到底这名员工的生活中发生了什么变化导致他现在的表现如此糟糕，其原因可能是他升职了（也许觉得自己不能胜任）或者因为错过了某个职位角色（因此觉得自己不受重视或感觉受到背叛），也可能是因为有人加入或离开团队而导致原本稳定的人际关系受到影响，这位员工因此感到沮丧，甚或是有人强迫这位员工一起串谋某事，而那事情令他感觉惶恐不安，郁闷难过。

从根源上解决问题，不要只顾其影响

不能只看到这位员工明显的情绪问题，还需要了解引发这个问题的深层原因并着手处理。这可能是工作方面的，例如仕途失意，任务太具挑战性，所以面临巨大压力，或是岗位价值被低估，也可能只是一些非工作的因素，比如糟糕的人际关系、家人或是自己生病、手头拮据或是面临其他潜在的挑战。只是质疑这种行为本身，而不找出其原因，你就不可能一劳永逸地解决当前问题。

任何绩效问题都必须解决

如果这位员工太过情绪化的反应导致其他人总是避免向他提

出难题或者表达不满情绪，你就必须立即解决这个问题。你要和团队其他成员交流，确保团队知道你已经了解此事并且正在着手解决，要求他们有耐心和同情心。与此同时，你找这位员工交流，确保他知道你对从根源上解决问题所付出的心血，要他努力控制住自己的行为，以免再拖团队的后腿。以上这类交流至关重要，当然，也是困难重重。因此，在交流之前，你需要了解自己的团队，尤其是要深刻了解那位员工。

反省自己的行为

抽出时间反省一下，如果你认为自己本应该做得更多更及时，就应该向那位员工坦承这一点。如果你未能给那位员工提供他所需要的支持，你本身便也是导致这个问题产生的部分原因。如果你并不擅长或者有些讨厌处理工作中的情绪化问题，那么你需要走出自己的舒适区，尽最大的努力去应对这一挑战。要保证自己绝对足够了解团队成员。

竞争行为

企业的蓬勃发展往往要依靠高度的内部竞争。在许多企业，员工的绩效要定期考核与发布。有些员工总想在绩效考核中名列前茅，这就会引发激烈的竞争行为。如果员工之间的竞争太过极端，团队的文化、士气和绩效都会受到严重的影响，在这种情况下，反而是竞争本身拖垮了整个团队。

首先，想一想：

- 当这位竞争心非常强的员工想要与你和其他人竞争时，你是否知道可能发生什么事情？
- 你认为是否有比竞争更好的办法，或者你是否担心自己不能有效地参与竞争？
- 你与这位同事以前交往如何？你们在过去是否有很多共事的经历？在个人层面上你是否喜欢这个人？
- 哪种行为在团队和企业内部会受到奖励？这位员工处理冲突所采用的竞争性方式给团队和其他队员带来了什么样的显著影响？
- 你怎么做才能不强迫他就能让他改变自己的行为？如果你的尝试失败了，结果会怎样？

行动思路

确保每个人都知道何时可以竞争

成功人士非常清楚该用怎样的方式处理内部竞争及其对职业发展的影响。不愿与客户竞争的员工往往十分乐于跟自己的同事竞争，尤其是自己的抱负受到威胁时更是如此。你要确保队员都清楚你是喜欢非输即赢的竞争行为还是喜欢互利双赢的行为。

团队内部必须重视合作

如果你希望队员之间能够协同合作，就必须大力支持那种行为并做出表率。每个人都要认识到合作对团队取得成功的必要性，并把它看作团队文化的重要组成部分。如果你能做到这点，这种竞争行为就会被看作破坏团队文化的因素。

如果你能与这位竞争心非常强的同事进行一次坦率的交谈，跟他达成一种互利共赢的行为方式，那么你就成功地找到了一个协作性的解决方案。但是，你也要对抵触情绪和拒绝态度做好准备，因为极其自信的人不会轻易赞同你的这些行动。

必要时，做好竞争的准备

竞争心非常强的人会迫使你不得不和他展开竞争，有时你别无选择，只能应对。这时，你要认清自己到底有多大的竞争力。为自己和那位同事做一个SWOT分析[①]，在各个方面都要诚实坦率。对照结果，自问这样一个问题：如果参与竞争，我获胜的可能性有多大？做出任何决定前，你应该全面考虑，在那位同事特别强的领域，你是否能迎头赶上？即使这些事情你自己不怎么喜欢，也要力争做得更好，因为这是形势所逼。

公开的竞争行为中有一些正直的成分：参与者的志向抱负至少是让人知道的，但人们在竞争的过程中通常没有那么正直，反

---

① SWOT分析法：常用于企业战略制定、竞争对手分析等，包括分析优势（Strengths）、劣势（Weaknesses）、机会（Opportunities）和威胁（Threats）。

而会使用暗中破坏或者暗箱操作手段。确保自己不会这样做，不能一边批评那些公开竞争的同事，一边暗中捣鬼。面对必须的竞争，关键是要利用已有条件，充分发挥优势参与竞争。一旦对自己的实力了如指掌，你就可以充分发挥它们。

卷入竞争的行为会面临一个重大的危险，因为这是一场个人抱负之间的斗争，双方都忙于竞争，就不能很好地服务于团队。如果这场争斗过于公开与明显，以至于其他人都有所耳闻，那么整个团队的声誉也会受损。

文化比处理冲突的方法更重要

你可以选择不与这位同事展开直接的竞争。退一步，长远地来考虑问题。这位同事的竞争行为可能致使其中的利益相关者受到刺激，继而变得愤怒，可能在短期内比你有优势，但从长期来看这种做法便是自我毁灭的行为。怀抱这种心理的人往往不愿与他人合作，最终，相当多的利益相关者都会注意到这点或是受此影响，进而会迫使这种竞争态度发生转变。

对于有抱负的人来说，一个永恒的挑战是如何平衡个人的雄心壮志与自己做出的每项决定给组织政治所带来的影响。没有人愿意被视作团队文化或企业文化的破坏者，但竞争心非常强的人在一个以合作为主导的文化中扮演的角色就是破坏者。管理者的职责是要将竞争行为置于企业大背景中考虑，要清楚它在何时何地可以发挥作用，在何时何地不能发挥作用。

直视不得不回击的竞争行为

如果有人下定决心跟你竞争，你就不能对他采取合作的态度。你唯一的选择是容忍他们或与他们竞争。如果选择竞争，你必须极其自信地应对他们已经非常精通的竞争行为，并不得不接受一个不争的事实：你们的行为向其他队员传达了这样的信号——“忘掉合作，让我们都争个你死我活吧！”

竞争的适当时机通常是在你与那位同事进行了必要的、建设性的关键交谈之后。开始时，你可以尝试找一个双赢的解决方案，但这也许只会让对方变本加厉。此时，你一定不要回避，也不要让步，要切记自己必须获胜，必要时可以使用自己的权威约束他的不当行为。进行这次交谈之前，务必做好充分准备，立下钢铁般的决心。

消极性攻击行为①

有时候，同事们可能看似同意并且接受管理者的行动方案，但根本不把商定的行动方案落实到位，这样起不到任何作用，还会影响到团队的绩效，因为事情仍未解决，分歧需要进一步讨论。更重要的是，不管这位同事何时受到批评，他的反应都是一样：同意他

---

① 消极性攻击行为：不明确说明或者让别人清楚地知道你的观点和愿望，假装赞成另一半；事实上，内心反对而表面同意，不久，常常演变成极深的敌意和攻击性。

人的批评并接受需要改变的意见，但之后仍无任何实际行动。

首先，想一想：

- 这位同事能实现承诺吗？如果能，那么在你看来，为什么事情仍然没有做呢？这种不情愿做事的状况是否最近才出现？他只是不做某些特定的任务还是所有的任务都不做？
- 那些他最终没有做的事情是否已经授权给其他人或者它们是这位同事自身职责的一部分？有没有哪个人有权要求这位同事承担这些任务？
- 你是否因为他的消极性攻击行为开始担忧你们之间的关系？
- 这位同事在企业内的职业名声如何？在其他人面前他是否也会表现出这种行为？
- 你会如何描述自己？是否坦诚？你会把自己描述为哪种人：更注重人际交往、更注重任务目标还是更加擅长分析？
- 同事的这种行为是如何影响团队绩效的？有多少其他利益相关者也受到这种行为及其后果的影响？

行动思路

寻找行为背后的原因

在这种情况下，重要的是要了解究竟是什么驱使此人做出此种行为。是愤怒、固执，还是缺乏倾听，或者更有甚者可能是竟争行为所致？要处理冲突产生的根本原因，不要只处理你遭遇的行为本身。

消极性攻击行为的特别挑战之处在于，它会给人带来巨大的挫败感，让人劳神费力。这种挫败感不仅会影响到你，而且会影响到其他人，他们因此不能完成手头上的事情。更糟糕的是，不管你做什么，事情似乎都不会有任何改变，最终，你将完全对这个人以及他所做的任何事失去信任。

积极交流

为弄清楚事件的根本原因，你需要跟这位同事进行一次深刻的或者可能是私人的交谈。如果你与该同事的关系并非泛泛之交，不妨进一步利用这一点来促成一次更深层次的讨论。在非正式的某个场合中，用你的真诚和坦率去发掘他不想做那件事的原因。不要低估这个过程的难度。许多具有消极性攻击行为的人不会透露其行为的根本原因，事实上，可能他们自己也不清楚个中原因。

一般来说，要处理这种不愿做事的行为，可以构建一种教练关系[①]，从而尽量了解此人不情愿做事的深层次原因，包括缺乏自信、赌气怨恨以及缺乏自尊心等。

尽快化解这种行为的影响

不管是否能找到这种行为产生的根本原因，你都必须化解其

① 教练关系：教练和被教练者是支持的关系、陪伴的关系、唤醒的关系。

影响，特别是当这种行为已经影响到团队的绩效，这样做就更有必要。在寻找行为产生的原因时，你可能需要利用自己的权威对当事人施加影响以促使其做出改变。一定不要只顾着去寻找行为产生的原因而不管这种行为的负面影响不断扩散。

促使行为转变需要一个过程

改变消极性攻击行为的核心就是要促使当事人接手做不愿做的事情。消极性攻击行为的产生不是因为当事人缺乏能力，而是因为他的意愿不足。重要的是，你要谨慎地指出所有已经商定的行动，特别是要指出他同意行动的事实。就是说，当他产生抗拒情绪时，要让他做出的承诺激励他坚持下去。

向他人学习

你应该花些时间了解其他人对这位同事的看法。他们是否和你有相同的遭遇？如果是，并且他们已经成功解决了，你可以向他们讨教招数。如果他们还在继续受挫，至少你可以得到一些安慰，知道不是你一个人在遭遇这些困苦。或许你们能够一起想出解决办法。

其原因会是你自己吗

如果你发现只有自己面临这样的问题，那么这种消极性攻击的回应可能是由你与这位同事私人关系的起源、性质和质量所造成的。通过分析这几点，你就知道自己需要了解什么，比如你向他提出了怎样的要求以及你是怎样提出要求的。现在需要面对的问题是，为什么只有你让他产生这样的反应？

也许你对他管得太细了。消极性攻击行为的一个常见刺激因素是，你不仅要求同事去做某件事，而且告诉了他究竟如何去做。这个同事就会觉得自己被当作工具使用，因而受挫，结果就是虽然同意去做那件事，但并不打算去执行。所以，当你要求他人做任何事的时候，一定要留有适当的空间让他们自己决定该如何去做。

还有一种可能，你要求同事去做一件事情，但他觉得做那件事并不合适或者自己没有能力完成，而又无法和你争辩，那么他就极有可能采取消极性攻击的行为。如果分工是合理的，但你分工的方式有辱他人或者要求太严格，那么你可能也会遭受同样的反应。

或者原因在于他们

能做出这种行为的人一般都会逃避冲突，这可能是因为他们缺乏主张或（和）信心。你可以而且应该鼓励他们，让他们明白，他们有权直接拒绝自己不赞同的事情，但绝不能许下承诺后又不执行。

第五章

变革中的难题

你会发现，在变革中到处都是机遇，比如成功的变革执行者和创新拥护者都会受到组织的高度重视，但是变革方案同样也存在风险，特别是可能面临的失败。本章将帮助你最大化自己的贡献以成功实施变革。

Challenges around change Part 5

经常有人说，当今商业环境中唯一的不变就是变，因此，企业有理由期望管理者擅于促成变革并帮助员工度过变革期。但是，一旦面临实践，很多管理者就会发现很难做到这一点。变革在企业内受到热烈拥护和普遍欢迎的情况会经常发生吗？在许多变革方案中，支持的人数和反对的人数旗鼓相当，因为即使是最热衷于变革的人也会对频繁的变革感到厌倦。

变革失败的原因有很多，其中最常见的是，在说服员工接受变革时遭遇拒绝。当企业面临更加拮据的经济情况时，大多数变革不再是关于扩大开支，而是关于缩减开支的，希望通过节约开支获得更多收益，而变革的对象只是少数人，因此遇到挑战甚至都没什么可惊讶的了。

本书这章内容可以帮助你认识到不同的人对变革会有怎样不同的反应。它可以让你了解如何更好地帮助他人——不管他们的抵触情绪是隐蔽的还是公开的，不管他们是否否认变革的必要性，或者干脆抵制和拒绝了解变革带来的潜在价值和机遇。我们也将讨论如何应对那些安于现状、不思变革的员工。当然，这并不都是坏事：有些团队确实对于变革情有独钟，我们将帮助你了解如何最好地保持团队里热衷于变革的文化。

暗中抵制变革

对管理者来说，鼓励员工接受和拥护变革尽管很棘手，但更为艰难的是，有人表面上称会跟你同舟共济，暗中却破坏你为变革所做的种种努力。如果你怀疑某个队员虽然没有公然反对变革，但他向其他同事散布消极的言论，你就应该对他多加关注。他可能影响其他人的观点并获得支持，结果导致变革方案摇摆不定甚至完全崩溃。

首先，想一想：

- 是什么让你觉得暗中有人反对你？是什么引起了你的怀疑？
- 这位员工是否总会暗中抵制变革？这种变革是否给他个人或是职业产生了特别的影响？有没有可能这种行为是针对你个人，并非针对变革方案本身的？
- 你与团队其他队员的关系如何？特别是和这位员工的关系

如何？团队文化大体上是不是开放型和互相支持型的，或者是否团队中有人怀有什么秘密意图？

- 此人是否拥有某种稀缺技能？他/她是否可以被替代？
- 这项变革是否会被成功地反对或阻止？
- 作为管理者，你在企业里得到的是怎样的评价？是否有很高的声望？
- 你对变革的反应是什么？是否想在职业上从中获利？对即将到来的变革是否感到不安？

行动思路

学会发现隐蔽的阻力

隐蔽的阻力往往很微妙，不易察觉，因此很难应对。如果你在过去致力于建设一个开放的、乐于沟通的团队，鼓励人们表达意见，甚至鼓励他们对管理方式提出反对意见，那么在这段棘手的时期里，你的这些努力就会得到相应的回报。

首先要收集证据

在试图应对隐蔽的阻力之前，必须要有充分的理由。请记住，你需要一些明确的证据，因为暗中捣鬼的人最有可能用否认的方式为自己辩护。暗中抵制就是一种“内部恐怖主义”的行为，它像所有的恐怖主义一样极其难以对付。隐蔽的抵制者至少需要一些其他队员的支持，你最大的筹码就是自己在团队中已经建立起的关系。

通过利用这一点，再加上你所创建的信息透明和相互支持的团队文化，相信你应该能从团队成员中观察到是否有隐蔽的抵制行为。

了解团队和团队内部关系

要成功解决这个难题，关键在于要彻底了解团队是如何运作的，你需要明确团队的主导文化，清楚了解队员是如何工作的，还要知道他们对于这项变革有何感受。

接下来要做的是仔细考虑你与所怀疑的那位员工之间的关系。如果他有暗中捣鬼的前科，或者如果你觉得他对你颇有成见、与你关系很差，那么你的怀疑很可能比较合理。你还要考虑，如果推行变革，此人会失去什么，他从冒犯你的权威中能得到什么。

当你跟所怀疑的队员或其他队员进行交谈来验证你的怀疑时，问题就随之升级了。除非你确信自己的怀疑有足够的根据，否则这样做一定要谨慎。

还需要反思你是如何看待自己的。如果你刚开始做管理工作、自尊心不足或者太在乎自己是否受欢迎，你必须考虑怀疑有可能更多是出于自己的原因，而不是关于团队或那位员工。同样，如果想凭借这个变革方案从中获益，你应该谨慎看待隐蔽的阻力，或许事实上并不存在什么阻力。

仔细考虑可采用的方法

在反思上述各个问题之后，如果你仍然认为存在问题，那就去找你所怀疑的员工交谈，结果很有可能是他否认自己与此事有任何牵连。不过，如果你已经在团队中建立了一种透明和开放的文化，并且打算继续将其视为典范，那么这将是最为合适的第一步。

另一种做法或下一个步骤是找其他队员交流。如何与他们交流和找谁交流这两者同等重要。谈话的语调不要激动，也不要有刁难的意思。如果没有确凿的证据，切忌疏远团队中的任何成员。请记住，让队员们去检举揭发其他同事一般是相当困难的，尤其是如果他们觉得这位同事的观点还算有道理的话。

如果你刚来这个团队不久，你自然会发现要解决这个问题就更加困难。不过，因为不能回避这种挑战，你就不得不依赖自己早先的印象，找一找那些之前就和你建立了良好关系的同事交谈。在这个过程中，如果你得到了满意的答复，确定你所怀疑的人正在秘密拉拢其他队员，那么你首先要取得揭发人的允许，使用他们提供的信息作为质问暗中抵抗者的证据。理想的情况是，你获得团队成员的公开支持，然后整个团队一起来讨论这个问题。

决定接受哪种解决方案

你的最终目标是隔离那位愤愤不平的员工，以免其他队员也被他蛊惑。他接下来将面临一个严峻的抉择：加入你的阵营或继续被孤立。要做到这一点，假设你又想避免两败俱伤，你就必须要求每一位团队成员都要对即将发生的变革做出更进一步的公开承诺。如此一来，那位愤愤不平的队员无论是选择支持还是不支持，他的名声都会严重受损。

如果团队中持异议的队员拥有某种稀缺技能，而且对团队来说非常有价值，他能接受变革方案就显得极其重要。你可以选择拉拢他比较敬重的其他利益相关者，请他们说服那位队员支持变革方案。

如果你自信此次变革既不会因遇阻而不能实施也不会被延误，而且你的团队也相信这一点，那么你可以选择信任团队，相信他们有良好的判断力，能控制自己暗中不满的情绪。这也意味着那位员工注定不会成功，你无须试图破坏他的意图，静静等待他的失败即可。

长痛不如短痛

这种类型的隐蔽行为会像慢性毒药一样传播，严重损害团队文化和绩效。如果不能制止这种分裂行为，你可能别无选择，只能要求那位队员离开企业。

公开抵制变革

变革在现代各行各业中都是亘古不变的。变革不会因他人的抵制而受阻。遇到抵制的情况，有时可以灵活对待，但有时就毫无对策。变革是一个不断变化的过程，你的工作职责是在变革中管理好员工。但是，当遇到别人对变革绝不妥协的强硬态度时，你会怎么做？

首先，想一想：

- 此人对团队有何贡献，有何价值？
- 反对意见是否有理有据？他是否提出了可替代的方案？这种对变革的厌恶情绪是否会影响其工作质量？
- 你过去是怎么处理这种抵制行为的？你是否总是让步？
- 这些变革对这位同事有什么影响？他的影响力、权威或地位是否会因此丧失？
- 这位员工是否爱直言不讳，他的影响力如何？他是否会试图在其他队员中或是关键利益相关者中寻求支持？这种持续的抵制对整个团队或你的名声会造成多大损害？
- 作为管理者，你是怎样帮助这位同事来应对变革带来的挑战的？你对自己所推行的变革持怎样的观点？

行动思路

不是要不要管，是必须管

多年来，对许多企业来说变化才是唯一的不变，而变革的步伐已经加速，未来还会继续加速。技术在变革加速过程中扮演着重要的角色，但经济发展的波折起伏也发挥了同样的作用。因此，无论变革的原因是什么，我们所知道的是，每个企业中的任何一位管理者都必须善于管理变革，这意味着他们要帮助团队成员了解变革的必要性，并且准备好接受变革。

管理者经常发现他们实施的变革连自己都不支持，事实上，他们自己甚至都受到了不利的影响。这一切都不应该影响他们实施变革的能力，以及通过管理团队来让队员投入变革的能力。

你是团队里变革的向导

在这种情况下，管理者的责任就是清晰地引导不愿接受变革的员工度过整个变革过程。这需要时间和精力，甚至可能最终都无法让他们接受未来的变革。然而，对于那些不愿承担这项责任的管理者来说，他们的结局往往是，在一个变化横生的环境中带领着一个逃避变革的团队举步维艰。

请记住，当变革来临时，你是第一个也是最重要的实施者。如果你从一开始就在团队面前质疑变革，或是对团队成员们的质疑太过同情，那么就破坏了变革方案，并成为变革产生问题的一部分原因，而不是解决其中问题的角色。如果你坚决反对变革，可以私下向企业提出质疑，但在公开场合中的立场必须是积极的，与企业的立场保持一致。

每位管理者还要兼顾平衡，既要花时间应对这些需要你去关注的员工，同时要多关注那些虽表现良好但仍然需要鼓励和赞扬的员工。按照“咯吱咯吱作响的轮子先上油”[1]的原则，你应该先

① 不管东西方皆然，会吵、讲话又大声的人往往才有人理睬，在英文里类似的表达是“咯吱咯吱作响的轮子先上油”，也就是中文里常说的“会哭的小孩才有糖吃”。

解决眼下变革遭遇公开抵制的问题，但其中的难题是，你要在解决抵制问题和鼓励其他员工两方面分配好时间。

灵活变通有好处

因为变革具有挑战性，你首先要明白在实施变革过程中有哪些地方可以灵活变通。如果可以调整变革方案的某一部分使之适应团队的需求，你就会发现变革可能因此更容易被接受。不做灵活变通而强制实行变革，就很有可能遭到人们厌恶和抵制。

了解变革方案的细节和影响

团队会期望你成为他们了解有关变革主要信息的来源，会问你很多细节问题，那些对变革心存疑虑的人更是如此。

在宣布团队进行变革之前，同样要确保自己可以期望从企业内获得何种帮助。例如，在推行重大的变革方案时，也许会有变革拥护者，或者团队成员负责帮你发起变革。你还要准备相关材料帮助人们理解变革、变革的必要性以及变革的益处。所有这一切都可以帮助你让团队及其队员接受必然要发生的变革。

应对变革中个人的反应有章可循

了解个人在经历重大变革期间所经历的典型阶段对管理者来说很有帮助。这些阶段类似于人们悲伤的过程：我们首先会否认有任何事情发生，然后排斥新发生的事情，接下来去了解当时的形势，最后接受新的事实并投身其中。不同的人在每个阶段需要的时间不同，有时，人们会沉迷于某个特定的阶段停滞不前。作为管理者，你要帮助他们了解这些阶段，进而尽量顺利平稳地度过。

当某个队员陷于某个阶段不能自拔，例如他可能否认或排斥变革，那么你就必须投入必要的时间和精力，尽力帮助他走出困境，投身其中。不同的人需要不同类型的帮助，有的想了解变革的详细情况及其对自身的影响，有的想探讨是否需要变革，还有的需要了解变革的未来前景，并需要他人帮助自己放手过去。

不同的人需要不同形式的帮助

给别人提供的帮助要符合他们的需求，这一点很重要，但你也必须让他们接受现实：变革的火车已经开动，要么上车，否则就掉队。有的队员在某种程度上利用自己在团队里的作用和重要性来排斥变革，你该怎么应对这样的人？如果他们具备某种稀缺技能，并且你现在极其需要他们一起推动团队发展，特别是他们已经意识到了自己的重要性，那么你一定要投入一切必要时间去影响他们、说服他们。

如果这样的人在团队中还具有关键的影响力，他们给变革带来的阻力就会更大。要想帮助他们度过各个阶段，你或许可以鼓励其他利益相关者花时间倾听他们的担忧之处，必要时做一些辅导工作让他们安心。回想一下这些人之前厌恶变革的其他情况。那个时候是什么方法让他们做出改变的？什么对他们有说服力并让他们感觉不可抗拒？同样的方法在这种情况下也可能适用，至少值得一试。

你应该充分了解员工，知道是什么利益促使或刺激他们抵制变革，就像你应该知道什么让他们担忧或恼火一样。你可以利用自己对他们的了解来挑选最令人不可抗拒的有效途径去影响那些抵制变革的人。或许其他人可以依据他们对这些员工的认识和了解来帮助你。

大变革会激起大反应

变革越是大刀阔斧，越是牵涉人们的切身感受，人们抵制它的可能性也就越大，反应就越强烈。特别是面临那些抵制变革的员工，当务之急是你要彻底想清楚自己该做什么并且规划好如何应对他们不情愿坦白想法的状况。第一次尝试是最好的机会，第一步一旦失败，他们可能抵触得更厉害。

一个好的管理者应该能够为整个团队及其队员描绘出变革的光明前景，让他们觉得未来是特别有吸引力的，而且是可以实现的。

拒绝接受变革

人们对变革的反应不尽相同，这取决于他们的个性、过去的经验，以及变革方案对他们可能带来的影响。有时员工会拒绝即将实施的变革，不承认变革会带来的益处。如果你担心时间不能帮助他们转变思想，他们可能成为成功实施变革方案的障碍，这个时候你一定要采取一些措施。

首先，想一想：

- 你是否听取了他/她的忧虑？他是否同时考虑到了变革的利弊？他是不是总想维持现状？
- 对于这位成员来说，变革计划的实施会给他带来什么损失？团队的其他成员如何看待这个变革？在变革过程中，他和你的团队做了多少投入？
- 这次变革是外部强加给团队的，还是团队内部自发的？
- 假如变革方案要求团队成员学习新技能，你会提供哪些额外的技能培训？
- 你和这位成员的关系如何？总体上是不是积极的、相互尊重的关系？他/她与团队的其他成员相处如何？

行动思路

尊重过去

作为团队的管理者，你既要尊重过去，也要看重未来的发展，两者不可偏倚，这一点对你来说很重要。切记你曾花费了多少时间、精力和努力才有团队的今天，否则，成员会觉得自己过去的努力没有得到尊重，而你对他们的贡献满不在乎。

了解将要实施的变革

假如一个已经确立的系统或程序需要进行变革，你要意识到，部门成员对这些系统或程序的认识与理解可能就是他们的权力基础。理解这些系统的成员如果持排斥态度，就是因为这场变革是在移除他们的权力基础。

毋庸置疑，那些最容易实施的变革就是团队成员认为有必要实施的变革。一旦团队接受“变革有必要实施”的事实，你就可以让他们参与决定到底哪些部分需要变革，应该怎么变革。

人们面对变革可能不知所措

变革中出现的棘手情况是团队成员对变革前景不知所措，担心自己会因此丢掉工作或失去地位。一些人认为变革难于其他事情，而且破坏了他们的竞争力，并因此威胁到他们的权力，他们就很有可能感到震惊甚至愤怒，于是就认为这个变革没有必要。更糟糕的是，如果变革是强加而非自愿的，就会遭遇更强烈的抵制，因为强迫的变革会让人觉得自己是多余的，或者感觉自己是变革的牺牲品，而团队自行选择的变革在某种程度上能减轻这种心理包袱。

你必须花时间和这些成员交谈，探讨在竞争、市场和行业趋势的大背景下进行变革的必要性。要说服他们，你既需要以事实为依据的理由，又需要对未来具有前瞻性的看法。和他们交流变革的目的和益处，向他们解释变革会带来什么好处，这些尤为重要，例如，如果变革会给客户带来益处，像开票更简洁、准确、快捷等。如此一来，他们在和其他经历类似变革过程的人交流时就会发现这些挺有帮助。

还有另外两点也很重要：第一，不要对不情愿的成员感情用事；第二，不要做出让步，因为变革势在必行，不能不解决问题。

你应该尊重这位员工反对变革的这次经历，让他们坦承反对的根本原因。特别要考虑到他们的专业知识和工作年限，曾做出有益贡献的他们或许有着合理的理由。

势在必行的变革遭遇反对定让人沮丧

你一定要有耐心：他们有反对变革的权力，也有权按照自己的时间、方式来接受变革。假如你毫无耐心，只会让他们的抵制时间拖得更长。你需要怀着同情心倾听他们的心声并伸出援手，只要看到他们开始有接受变革的迹象，你就要把握时机表扬他们、鼓励他们。所有这些都需要时间，你要为应对成员们的各种反应做好充分的准备。交谈的质量非常重要。另外也要确保整个团队都清晰地了解到变革的具体内容是什么以及会在何时实施。

你还需要确保他们完全了解在变革期间你将提供给他们的培训以及相关的支持计划，这对于安慰他们来说十分必要，因为他们可能认为变革会影响到自己的工作，而这些培训和计划能帮助他们消除这些合情合理的疑虑。

团队中若有人对变革持积极态度，可以请他帮助不情愿的成员接受将要实施的变革。

帮助队员应对变革是必要挑战

一旦管理者能成功带领队员度过变革期，就会得到团队和企业的高度评价。

团队过于安逸

如果你带领团队连续数年取得成功，成功就会成为一种稳定的生活方式，这个时候如何让队员依然保持斗志、敢于挑战和拼搏向前就会成为另一个担忧。一个团队变安逸的标志就是，队员更加关注团队内部工作流程和工作环境，对面向顾客的责任问题关注得相对较少。维持斗志与动力十分重要，因为安逸的文化非但不能长久，反而会对外丧失竞争力，对内惹人不满。

首先，想一想：

- 你发现他们表现出满足感有什么特殊迹象？其他人是否和你有相同观点？
- 为让团队重新恢复活力你曾采取了哪些措施？团队内外部人员如何看待你的团队？队员是否达到了绩效水准与服务水准的目标？
- 你能否把团队内部的安逸行为归咎于某一个队员或某些队员，或者说大部分队员都是如此？
- 和企业内部其他团队相比，你们团队的“知足”文化是怎样的？你是否有办法来提高挑战水准？

- 有没有可能连你也失去了锐气，没有了拼搏的意愿？
- 如果你害怕外部竞争活动，那么与你相比，竞争对手的处境有什么不同？你们的行业内正在发生什么事情？

行动思路

熟知每位队员

即使整个团队都处于安逸的状态，这也不能代表每个人都乐于接受安逸和没有挑战的状态。越是了解团队成员，你就越能知道团队中谁真正喜欢更有挑战、更刺激和变数大的任务。当你尝试换种方式做事情或者尝试做不同的任务以求激发队员的兴趣和激情时，这些人就是最有可能支持你的人。这些人在团队中依然充满斗志，他们这样做既是为了自己，也是为了整个团队。

同样，团队里也有人十分期望维持安逸的现状。他们可能对团队目前所取得的成就感到满足，喜爱这种自然而然可预测的、不需要劳神费力的工作生活，这些人很有可能抵制你再次振兴团队的努力。

对于这两类人，不要尝试分而治之的策略，你应该花些时间和每类人都打打交道。这样，在重塑团队之前，你可以对这些人有清晰的认识，知道哪些人会支持你、哪些人会阻碍你以及他们会在哪方面反对你、在哪方面支持你。

如果你确信团队内部的安逸现状主要是由一两个队员所引起的，可以尝试找他们进行批判性的交谈，单独谈或一起谈都可以。这样，通过转变导致团队内部形成安逸氛围的成员所持有的态度及做事方式，你就可以解决问题。

了解过去和现在以规划未来

如果你以前为激发团队做过尝试但失败了，那就虚心总结经验，询问成员们他们认为失败的原因是什么。

了解一下企业内部其他的团队。如果安逸氛围普遍存在，最好在管理会议上把它作为整个企业的问题提出来，不要只在自己团队内部解决。如果你的团队是一个特例，你需要尽快采取措施，要在整个企业发现之前就解决掉这个令你头疼的问题。

如果企业在过去有过努力尝试，而后在某一阶段遇到“瓶颈”，不妨借鉴之前的经验，或许类似的做法能起到作用。

挑战自己

审视自己，看看自己是否仍然是带领团队的最佳人选。如果振兴团队最好的方法是换一位全新的领导者，你就要承认这一点，要么在企业内另谋一职，为新领导让位，要么彻底改变自己，让团队感觉你焕然一新。审视自己现在所做的每一件事，问一问怎样能改进方法，怎样能做得更好，怎样能让更多的队员积极参与进来。

寻找不同的观点和看法

毫无疑问，你对团队所持有的观点非常重要，但这只是你的个人观点，也只是或者应该是与团队有密切联系的人所持的观点，你需要了解一些更客观的看法。和同事或者导师谈一谈，合适的话也可以跟客户、顾客或者其他利益相关者谈一谈。不必透露你对自己的团队有所担忧，了解他对团队及其内部关键人物有什么样的看法就可以。

总之，在你行动之前，要确保自己已经尽己所能掌握了足够的信息，得到了足够的支持，这样你的行动才最有可能取得成功。

做点什么，因为不能不作为

特别是在团队快要实现目标以及应交付的产品快要成型的时候，队员很有可能产生“等着瞧”的心理。如今职场里各个方面的竞争日趋激烈，或许上一分钟团队被竞争对手发现自己正处于懒散、停滞不前的状态，下一分钟你就会面临来自外部强加的变革。那时，团队在挑战面前不得不改善自己，或者不得不精简裁员，更有甚者，整个团队会被解散或并入其他单位里。

因此，对于团队或者队员变得太安逸的问题，一定要在你发现问题苗头时就立即解决，不要等到人尽皆知了才着手处理，因为那个时候或许已经为时晚矣。

出现职业倦怠

年轻、热情、有抱负的队员通常会延长工作时间以确保任务完成达到最高标准，他们积极拓展人际关系，职场就是他们生活的中心。但是，这样专心的投入并不能维持太久，一旦他们出现职业倦怠，整个团队以及团队拥护的变革就可能因此被毁。

首先，想一想：

● 你认为，队员的活力保持在怎样的水平比较理想？这样的标准能否实现，能否持续很久？

● 是什么因素促使你的团队成为高绩效团队？激励每位队员的都是什么？你认为团队所创造的文化是什么？

● 激励你的因素和激励团队其他成员的因素是否一样？

● 团队是否认同你对他们的工作方式和职业倦怠的担忧？如果员工出现职业倦怠，能否很容易找到替代人选？

● 你认为团队能否在更短的时间内达到相同的工作标准？

● 对于团队如何运作你有什么样的远见？你有没有衡量过竞争对手？团队中你绝对不想改变的是什么，或者不想失去的是什么？

行动思路

预见问题并制订计划

如果你不但拥有一个充满活力的高绩效团队，还能预见未来可能出现的问题，这一切就太完美了，因为你明白，预见问题并采取措施加以预防总是比遇到问题之后再采取措施要好得多。

充分了解每个队员，知道他们的动力来源和压力来源分别是什么，这一点相当重要。了解这些，你就能给每个队员以恰当的挑战，这样既能激励他们保持充沛的活力和积极向上的状态，也不会因挑战过度而过于活跃。

团队也有可能变得比较排外。一个排外团体的准入门槛可能比较苛刻，比如他们只接纳年轻单身的成员。团队成员也会有这种苛刻的承诺，但是一旦周围环境发生变化，他们积极投入工作的热情就会下降。

利用他们的活力探索新的工作方法

这是一个充满激情、高度投入的团队。如果你和队员们建立了坦诚开放式的关系，他们就会很乐意与你分享他们认为取得如今成功的基础，以及如何在未来一直保持成功的方法。

重建、更新、轮换、回报

要让团队保持“新生”的状态，关键就是通过与外部进行比较、岗位轮换、组织参加发展计划来不断更新你的团队。新成员的加入通常会给团队注入新鲜的血液，他可能带来新的专业技能或不同的见解，能够在团队已经掌握的技能基础上再增加一些新东西。不管怎样，新面孔、新观念和新关系都会让团队焕发活力。

任何团队如果总是不断变革、寻求突破，长此以往就可能遭遇失败，或者至少不能完成自己设定的高标准。但是，不要惩罚这种失败或与之相关的冒险举动，因为突破性变革必然会经历这样的阶段。

同样，成功需要庆祝。许多调查表明，如果员工所做的贡献没有得到认可或回报，他们就会离开企业。回报可以是多样化的，发奖金、举行庆功宴，或者说一句衷心的感谢都可以。

树立合理的、可持续的工作方式

要让团队清楚地知道，你不会让他们加班到深夜而得不到任何回报。当然也有例外，但工作时间合理化这种文化氛围要确立下来。如果某些队员的工作时间太长，你可以和他们谈一谈，告诉他们你对此比较担忧。在认可他们努力工作的同时，你也应该让他们意识到那样的做法不会持续很久，并可能导致他们在将来产生倦怠的情绪。

如果你能让队员树立起团队绩效和工作时间并没有直接联系的意识，并表明更长时间的工作并不会对团队的高标准有何益处，那么你就给企业其他团队树立了一个伟大的榜样，并且成功的管理者这一声誉自此也会建立起来。要特别注意企业和团队内部的文化：工作狂行为（不论性别）是否会受到欢迎和回报？诸如一心求胜、斗志激扬的高昂情绪、残酷的幽默或言语粗俗等这些行为应该被看作企业和团队文化不能接受的行为。

带领这样的团队，领导者所扮演的角色就是让队员们发挥好自己的精力和热情，确保他们的活力保持源源不断。假如管理者放之任之，团队就可能失控，队员的活力就会急剧燃烧殆尽。

第六章

权力、政治和影响力带来的难题

本章为帮助你了解权力、政治和影响力三者之间的关系提供基础。你将明白，为什么从其他人的利益角度看待问题会帮助你看清哪些政治意图可能是积极的，以及为什么你的个人品牌——你在企业里代表的特色能够帮助你定义自己并影响他人对你的看法。

Challenges around power, politics and influence Part 6

在企业生活中，所有东西都带有政治色彩，这是因为总是有公开的或隐藏的组织意图与公开或隐藏的个人意图交叉在一起。这些意图通常并非一心为公，更多的是为了一己私利，队员们追求的是对自己、自己所属团队或部门有利的意图，而非无私地追求对企业、企业的客户和顾客有利的意图。

你不可能建立一种没有隐藏意图的工作氛围，因此组织政治一直会伴你左右。现在问题不是“我应不应该参与”，而是“我该怎样参与”。既然无可避免，不妨以一种得当的、公正的、有益的方式参与组织政治。

毕竟，对任何一位有抱负的管理者来说，在企业内与世无争是不切实际的。从理论上来看，在企业内远离政治图谋显然是有可能的，但你的工作效率势必受到影响。选择退出会让你几乎完全失去影响力，而完成工作必须相互协作，没有影响力，你也就没有能力完成工作。

现代管理学之父彼得·德鲁克曾做过最好的总结，他说：“只有以组织生活中的政治现实为基础，领导力教育才是完整的。”

接触利益相关者的机会受限

在组织内部施展权力和影响力，方法之一就是让自己相对远离那些把你视为他们所做工作中重要利益相关者的人。如果有人限制你和利益相关者的接触，而你接触他们为的是让工作取得进展，或者检查自己正在做的决策和计划，这时，你需要灵活变通，从而让自己能够接触到利益相关者。

首先，想一想：

- 和你平级的同事多久见一次这位利益相关者？这种频率与你的频率相比如何？他们是否既有正式的又有非正式的接触？这位利益相关者是如何分配访问权的？
- 与这位利益相关者相比，你的个性和风格是怎样的？你是否认为可能有一些潜在的因素阻碍了你们的接触？
- 当你有机会和他接触时，你会为会面时间做怎样的安排？谈话的内容顺序该怎么安排？

- 企业的政治风气如何？总体来说，你感觉自己在企业里是否受到了足够的尊重？

- 如果你接近利益相关者的机会受限，团队为此会受到怎样的影响？为减轻这种影响，你会怎样做？

行动思路

你必须尽力争取重要的接触机会

在很多企业中，为争取到和有影响力的利益相关者的“会面时间”和“心灵空间”，员工之间存在着激烈的竞争。你对团队所负的责任之一就是，确保自己至少获得接触到利益相关者的公平机会，这可能就要求你参与办公室政治。一旦得到机会，就需要好好利用并取得良好的作用，这一点至关重要。就是说，你一定要勤于准备，最大限度利用这次机会。

利益相关者只回应自信的管理者

要在资深的利益相关者面前表现出坚定和自信，对于新提拔的管理者来说并不容易。然而，即使你不自信，也要表现得自信。有影响力的利益相关者往往都是自信的人，异于常人的他们会更好地回应坚定自信的人。我们可以从培训、训练、阅读等发展计划中获益，从而建立自信，让自己感觉更有实力。因此，为了建立自信，一切有必要的方法都可以使用。

为争取到的时间悉心做准备

在每一次会面的时候，你都要清晰地知道自己想要的是什么，并为自己制订一个计划表。如果你不确定应该说什么，可以和你的导师商议一下。会谈的时候带上备忘录，以防自己讲话漏掉什么重要的东西。另外，和其他有影响力的人分享你所准备的问题，确保它们没有什么差错。

借力于导师

借助你的导师（或者是掌握你所需技能的任何人）来帮助自己演练一下将要和利益相关者进行的交谈。人们很容易低估对艰难的交谈进行演练的价值。有时候，仅仅是简单的演练就能增强你的信心，并帮你为可能遇到的障碍做好准备。导师甚至可以帮助你获得接触利益相关者的机会。

和把关人保持良好关系

在很多企业里，资深人士都有把关人保护，包括正式的和非正式的。正式的把关人可能是助理或基层管理者，非正式的把关人可能是他们信任的同事。和这些把关人建立好关系有很大的益处，当你需要接触利益相关者时，他们可以助你一臂之力。同时，也要仔细观察你的同事为接触到利益相关者都采取了哪些措施。非正式的内部圈子可能是你需要渗透进去的，因为圈主是备受成员信任的顾问，而成员都可能是依赖于圈主的兴趣或爱好而相聚于一起的，渗入进去比较容易。有些企业关键的切入点可能是高尔夫球，有些企业的切入点可能是跑步或登山，还有一些企业的切入点可能更简单，比如说在下班之后一起吃饭喝酒等。

打造影响力，建立关系网

想一想，你做什么可以让想接触的利益相关者注意到你。例如，在他们出席的会议上精心准备好报告，或者把他们纳入你深思熟虑、充满创意观点的传阅名单中。当阅读到一个有趣的文章或一则关于行业趋势的报告时，你可能希望将这些传阅给企业中有影响力的人。

充分利用职业社交网站上的机会，如领英（LinkedIn）[①] 网站、特别兴趣小组、行业会议或网上论坛等，与那些你想要影响或者可能为你敞开门户的人交流。

在企业内部，你可以花时间建立自己的关系网。利用自己刚刚上任的机会约见某人，确保你可以进行短时间而有效的“电梯游说”[②]，告诉他们你想呈现的关于你的消息。

遇到你想要与之保持联系的人，你就需要投入更多的精力。例如，每周花一个小时和他通个电话、喝杯咖啡，或者把他约出来闲聊一番，这样做在将来肯定会有很大的回报。

---

① 领英（LinkedIn）：一家商业客户导向的社交网络服务网站，网站目的是让用户维护他们在商业交往中认识并信任的联系人，这些人被称为“人脉”（Connections）。
② 电梯游说：指“在乘电梯的 30 秒内清晰准确地向客户或投资人解释清楚一个产品、创意、职业、机构、事件、解决方案等”，是麦肯锡公司检验其陈述咨询报告的方法之一。

发展并完善你的影响力技能

当真正接触到利益相关者时，你应该特别注意他们的风格和行为。比方说，他们看起来似乎关注细节，注重逻辑，颇为持重，可能你将来就要事先准备好材料，材料准备要深思熟虑，并且附以基于数据的分析。相反，如果这个利益相关者喜爱社交，自然随和，乐于合作，这种人可能立刻给你回复，也不大可能在会前阅读材料。当然这并不意味你能掉以轻心，只是可以抛弃那些繁文缛节，在恰当的时候将自己精心准备的观点与建议告诉对方。影响他人的关键就是让自己的风格灵活多变，随时以对方喜欢的方式来行事，而非坚持以自己喜欢的方式来试图影响所有人。

你的个人信誉是影响他人的一个重要方面。要为自己建立信誉，一个很简单的方式就是注意自己的着装和举止，这一方面可以效仿企业内有影响力的高级主管。如果你的着装得体，言行稳重，就会给会谈者留下“值得信任”的好印象。

牢记对团队应负的责任

在充满竞争的内部环境中，和利益相关者接触的机会减少可能会毁了你的团队。作为一名管理者，你的重要责任就是在企业内充分代表你的团队。

塑造个人品牌

在日趋激烈的商业竞争环境中，做好工作并取得成功的压力非常大，打造属于自己的个人品牌——代表某一种特色，就是将自己区别于他人的有效方式。它虽然不能替代绩效，但是对一位成功的管理者来说算是绝妙的附加因素。

首先，想一想：

• 你希望自己的哪些主要优点和技能让大家知道？团队以及企业眼中的你是怎样的？你是否满意他们对你的这些看法？

• 你有哪些重要的工作事迹想让人们认可，特别是想让别人把它们与你联系起来？关于你的一切是否都与你的品牌相一致？

• 你认为自己希望呈现给别人的形象在目前来看是否可信且持久？你们企业看重的是什么？

• 你的工作方式或风格与团队其他队员的相比有什么不同？你是否喜欢这种与众不同？

• 团队内部有没有其他人在企业内特别引人瞩目，为什么？在企业里谁被认为是比较成功的？他们都有什么特点？

• 你的抱负是不是有张力但比较现实？它对谁来说算是一种威胁？

行动思路

拥有个人品牌让你与众不同

在一个竞争激烈的企业里，打造强大的个人品牌就是让你区别于竞争对手的重要方式。在每个企业里，只有一部分人能够成功并向上发展。假如你想成为其中的一员，那么一个可持续的个人品牌会使你向前迈出一大步。

成功的品牌建立于优势之上

成功的品牌拥有者不会掩盖自身的缺点，从某种程度上来看，这些缺点也会把你和竞争者区分开来。品牌的魅力有两个方面，一方面是理智的、有形的，涉及你所做的一切，另一方面是感性的、无形的，涉及你的行为方式。第一方面之所以重要是因为它关系到你的专业素质，而第二点就是你区别于他人的因素。人们在感性层面对你的反应如何将决定你能否脱颖而出，而这就是你的品牌精髓。

人们会对你的工作有所评价

人们怎么评价你，评价你哪方面，这些都取决于企业看重的是什么，它可能是资历、行业经验、过去的绩效、工艺技能、业务或个人表达技能以及（或者）绩效指标等。如果你这里有任何方面的不足，就应该加以弥补。另外，一定要保持自信，相信在别人眼中你看起来就是擅长你所做的事情。

人们会因为品牌精髓而区分你和他人

你的品牌精髓就是那些能让你与众不同、受人器重的东西，它们虽然无形，却包含很多概念，比如你的个人风度、感召力、对企业的忠诚度、开明度、情商以及你所具备的吸引力。

这些是你个人品牌的一部分，是你想让别人怎样看待你而选择性展示出来的。仔细想一想你应该关注的重心是什么，你的职业该从哪里起步。你不能让所有人都满意，否则你要传达的信息就会变得模糊。因此，你到底要成为什么样的人，才能在企业里取得成功?

塑造个人品牌要坦诚和现实

开始塑造个人品牌时，把自己有形的和无形的优势写下来或许有所帮助，看一看其中哪些是企业所看重的。想一想企业里成功的代表，把他们给企业带来的优势记下来。他们的优势和你的有什么不同？你能从中学到什么？

一旦决定了自己要树立怎样的个人品牌——即其他人如何看待你，你就需要确保关于你的一切都要和这种个性相一致，例如，如果你想把自己的品牌树立为创造性的变革者形象，那么就不要穿得像个会计师。

建立个人品牌的一种方法就是让自己和企业想要表现的品牌形象相一致，在这里，你就是以企业身份的典型形象将自己呈现出来。另一种方法就是有意识地选择不同于企业品牌的形象，它代表的东西虽然不同，但是又对企业品牌相当重要。例如，作为企业里的人力资源管理人员，企业主要看重的是绩效，那么通过建立人际关系和利用自己的高情商来取得高绩效，你也可以脱颖而出。

在决定要树立怎样的形象之后，你向企业呈现的形象自始至终要保持一致，这就是你的品牌形象需要建立在个人优势之上如此重要的原因，也是品牌形象既能可信又比较持久如此重要的原因。

做好人际交流

决定了自己将来要树立怎样的品牌形象之后，你必须将该形象在企业内展示出来。把这种形象介绍给对你的品牌形象感兴趣并可能与之相关的人。

为迎接挑战做好准备

在竞争激烈的环境中，同事可能对你想脱颖而出的尝试有所回应。他们可能破坏你正努力塑造的品牌，可能质疑你的信誉。你塑造的品牌形象必需足够强大，才能承受得住他们的攻击。如果在第一次竞争中别人发现你的形象并非所塑造的那样，那么你的品牌形象就会毁于一旦。

你的个人品牌是别人对你的看法中非常重要的一部分，就像所有品牌商品一样，确立你的品牌形象需要时间。形象一旦确立，它会随着时间的推移而逐步变化，要严防过于突然的改变，因为它会令你苦心经营出来的形象瞬间崩塌，让人们难以接受。

争取决策

对现代上班族来说，工作节奏非常快，因此，能否及时获得决策就至关重要，得不到想要的决策，就无法保持这种快节奏，随时被淘汰出局。那么，当你急需决策而当时未能得到，你会面临怎样的状况？

首先，想一想：

● 障碍在哪儿？你试图影响的人物喜欢怎样做决策？按照他喜欢的方式，你是否提供了他做决策所需要的一切？

● 你和主要决策者的关系怎样？和其他可能影响这位决策者的人物是否保持着良好的关系？你和上司的关系怎样，能不能通过他解决这个问题？

● 你的要求是在正常范围之内还是算额外的要求？你是否要求这个决策比平常更快地制定出来？

● 如果你没有得到决策或者最后的决策不是你想要的，你本人和（或者）业务会受到怎样的影响？

● 你是否总在争取决策方面遇到困难？是不是企业决策的速度非常缓慢？

● 你是否怀疑其中有组织政治在作祟？决策被延迟是否因为有人想实现自己的个人意图，或者至少部分原因是这样？

行动思路

决策是每个企业的核心

不同的企业情况各有不同：有一些企业擅长做决策，有些企业决策过程漫长，其内部的员工也同样如此。首先要确定是哪些人或什么事情构成了障碍，然后再确定那些障碍是良性的还是恶性的。如果只是需要调整自己的风格使之适应决策者的风格，或者你需要的决策在走内部流程时卡住了，那么你需要解决的这些障碍就是良性的。然而，如果其中存在政治手段或个人意图，那么这些障碍就可能是恶性的，解决起来的话就更加困难。你接下来怎么做取决于以上得到的结论。

消除决策遭遇的良性障碍

我们先从简单的一步开始。想一想你自己的偏好和你想要影响的人的偏好，确保用他们喜欢的方式就决策的背景和必要性与他们进行沟通。决策者是不是比较坦率、直爽和充满活力？如果是，你的沟通方式就需要符合他们处理业务的方式。如果你能对申请的决策做一个快速的简要说明，或者你要谈的问题是要耗费精力的集体研讨性活动，他们就更有可能做出回应。不要给大量的数据资料让他们分析，那样做无形中给他们的决策过程制造了障碍。

如果决策者善于分析，喜欢拿数据说话且思维敏捷，你就需要提前仔细思考你所提供的材料内容，信息缺失或不足都会给决策过程制造障碍。

一些决策者坚持人本思想，需要了解其决策对目标人群的影响。如果你没能向决策者证明你已经考虑到了人的因素，那么决策迟迟未能做出，也是意料之中的事情。

换种方式应对决策规避[①]型的人

如果你确信自己用了正确的方式向决策者提供了应有的材料，却仍然没有获得想要的决策，那么就要考虑所面对的可能是决策规避型的人。

查看一下他做决策有什么特点：是不是很慢或前后矛盾？对于决策规避型的人，你需要不断提醒他们决策的紧迫性，动员其他人帮助决策者认识制定那些决策的必要性。

无论人们多么享受做决策的满足感，但很少有人愿意贸然行事。不管决策者喜欢怎样的沟通方式，你至少要保证给他们一定的思考时间。在别人眼中，你是不是那种要求对方在极短的时间内就给出回应的人？如果是，那么你可能在无意中已经与大家疏远了，以至于他们会有意（或无意）拖延你要的决策。

你要绝对清楚决策必须何时制定出来。错过了这个合适的时间范围，它给团队和企业造成的影响一定要明确告知对方。

---

① 决策规避：努力设法避免做出任何困难决策。

明白谁拥有权力和影响力

查看决策者拥有哪些权力和影响力。有时权力不足的人会放慢自己做决策的过程，因为他们缺乏自信，没有坚决捍卫该决策的影响力，这样的人可能需要你在他们做决策前先就决策的正确性说服关键的利益相关者。

上司这一关更难过

如果在你的上司这一关遇到障碍，那么这种挑战就更具紧迫性，通常也更加复杂。由于获得决策将会扩展你的人际关系，你一定要理解这种扩展后的关系和之前的会有怎样的细微差别。如果你的上司认为你信誉良好且值得信任，他就更有可能快速做出决策，但如果他觉得你野心勃勃或粗心大意，那么你要求的决策就会受到更加严格的审查。

考虑组织政治的因素

组织政治经常会影响决策过程。在企业里，如果组织政治是日常生活中的一个重要组成部分，人们就需要从很多方面来看待决策。例如，他们是否觉得你有一个隐藏或公开的意图（个人的或企业的)？如果人们感觉到了这种意图的存在，决策者可能想中途暂停并在决策前考虑所有可能产生的影响，便是意料之中的事情。有时你自己的名声就足以令决策者预想到可能的政治意图，所以他们在做决策的过程中就会花更长的时间。

如果决策者积极参与组织政治，他就总想确保自己理解了该决策可能产生的任何政治影响，而要做到这点需要时间。如果这项决策对你来说极其重要，那么你就需要提前花时间考虑清楚决策可能产生的政治影响并和决策者进行交流。做足这些功夫，有助于打消决策者的疑虑，从而为决策扫清障碍。

审视和理解大局

最后，别忘了你所争取的决策可能是全局的一部分。企业有可能正在考虑一些更重要的事情，它们可能会以你无法预料的方式影响你要的决策，而这点你可能没有意识到。

遭遇组织政治①

每个企业都有其政治，只要有两个或更多人相互依赖、一起工作的地方就有政治。你要做的选择不是要不要参与，而是要怎样参与。当然，你可以做到保持正直操守，明智地参与办公室政治。

首先，想一想：

- 企业如何看待员工的个人抱负、秘密意图和隐蔽行动？
- 你又如何看待这些东西？你是否把组织政治看作肮脏的手

① 组织政治：在组织内部，当存在选择的不确定性和不一致时，获取、发展和使用权力和其他资源以达到所期望的结果所采取的行动（Pfeffer，1981）。另一种定义是，在潜在动机支配下，为获得和保护个人及相关团体的利益，而对他人或团体施加的影响（马超、凌文辁、方俐洛，2006）。

段，或者你觉得组织政治具有积极的潜在力量？你是喜欢参与组织政治还是更喜欢袖手旁观？

- 你有什么抱负？组织政治对你实现个人抱负有多么重要？
- 你是否积极地向企业靠拢？过去，你在企业和组织政治方面总体表现如何？你是否曾经为此吃过苦头，信心大受打击，所以此后凡事都小心翼翼？
- 你在企业内是否手握大权？你的权力属于哪一类？你是否善于影响别人？
- 考虑事情时你会更多考虑自己还是更多考虑企业的目标？

行动思路

要避免卷入组织政治几乎不可能

只要是有相互协作的行动，就会有组织政治的存在。隐藏或公开的个人意图或组织意图总会存在，组织政治也就会应运而生。大多数人自动将组织政治和负面的意味联系在一起，然而，组织政治本身并无好坏之分，好坏取决于人们怎样参与。人们没有从中获益就会感觉它有害无益，相反，获得了利益就认为它很好。因此，一旦接受组织政治无处不在的事实，你就可以以积极的、建设性的方式参与进去，控制组织政治于股掌之间并始终保持正直操守。

一旦你决定了对组织政治采取怎样的回应，就需要考虑为什么要那样回应：过去发生了什么事导致你对组织政治的观点发生了变化？企业是否特别善于操作组织政治？对这两个基本问题的回答将有助于你理解自己对办公室政治的看法，并且在必要的情况下改变自己的看法。你应该对组织政治有一个建设性的看法，否则，你的行为将很有可能鼓动其他队员陷入自私自利的政治活动，你的事业发展也会因此受阻。

在观察办公室政治的时候，你很快就会发现各种不同类型的参与者。有人正直不阿，有人利用办公室政治来实现企业目标，有些人则不择手段，利用办公室政治实现自己的个人野心，还有很小一部分人只是远远躲开，无视身边上演的政治戏码，乐做企业的隐士。作为管理者，你要了解自己在其中扮演的是哪种角色，以及从这一角色出发该如何在处理办公室政治时保持正直不阿，并帮助队员也做到这一点。另外，还要重视并考虑关键利益相关者在组织政治中的立场。理解这些将有助于你抵御其他人消极的政治活动。

一些人更热衷于办公室政治

如果曾经吃过这方面的亏，即便是那些热衷于办公室政治的人也会变得小心翼翼。想一想在过去的办公室生活中，你和周围的人都经历过怎样的事情，这样的思考将有助于你理解自己以前处理组织政治的方式，并了解那种方式是否有必要改变。

人们对自己企业的感受如何，对他们如何处理办公室政治至关重要。如果你对企业感觉良好，觉得企业对你很公正，就会积极参与组织政治活动。相反，如果你对企业印象不佳，对企业对待你和他人的方式不满，那么你就会消极参与组织政治活动。作为一个管理者，了解到这一点尤为重要。通过评估员工与企业的关系，你可以预测他们会怎样处理办公室政治，也可以通过帮助他们重新审视和改变对企业的看法，以此改变他们处理办公室政治的方式。

行使权力和施加影响力是主要途径

权力的来源有好几种：信息权力、职位权力、强制权力、魅力权力、奖赏权力、守门人权力和尤为重要的资源管理权。清楚自己和其他人拥有其中哪些权力，明白各人每种权力掌握多少，将是你参与组织政治活动重要的第一步。

影响力尤为不同。在这方面已经具有良好技能者能成功影响其他任何人。影响力最突出的一点就是它能够改变人们的态度，也就是说，从长远来看，它的作用比权力的作用更为持久。正如权力一样，施加影响力的方式也是多种多样的。选择适合具体情况的方式非常重要。这可能很困难，因为我们每个人都有自己喜欢的影响方式，通常使用的时候会不分情况。

典型的影响方式有很多。一方面，可以提供事实、说服推理、据理解释、命令和谈判，另一方面，可以开展合作、寻找中间人、激励和描绘愿景等。找到自己最喜欢的方式，并尝试学习其他方式。影响力方式不仅要和具体情况相符，还要符合所在的员工和企业文化，这样你才能取得更大的成功。

自我取向会引起分歧

如果员工面对组织政治总是以自我为中心，组织政治就会导致企业内部产生不和谐的因素，这也是组织政治最大的弊端。有时候，通过自我取向的方法可能得到短期的（事实上可能恰当的）回报，然而，通过使用组织政治来帮助企业实现目标的方式则更有助于实现自己的职业理想。

管理上司或平级

在没有权威的情况下施加影响力是你要掌握的最微妙的技巧，然而，因为每个人在某种程度上都想或都需要管理他人，包括上司或平级，所以这一技巧便是我们必要的能力。做好这一点，有助于你在保持正直操守的情况下得到自己想要的东西。

首先，想一想：

- 你和需要影响的人在工作上的关系怎样？你觉得他会接受怎样的影响方式？他们是乐于接受事实或说理，还是更倾向于直觉式论证和激情洋溢的方式？他是想要大量细节还是更喜欢总结性的报告？

- 你究竟想从你们的接触中得到什么？你想要影响哪种态度、

决策或行为？

- 在你看来，这个人是否愿意接受你的影响？你是不是影响这个人或实施影响力行动和方案的最佳人选？你这样做有多大的胜算？
- 他的利益是什么？他可能提出什么样的反对意见？你怎样做才能把想要实施的事情以一种帮助你的上级或同事实现他自己或团队目标的方式呈现出来？
- 有没有其他人可能就同一件事或同一个机会也试图影响这个人？他们是谁？与他们相比，你的优势和弱点分别是什么？
- 如果你的影响没有收到预期的效果该怎么办？

行动思路

用对方喜欢的方式影响他们

在影响别人的时候，要用对方喜欢的方式而不是你自己喜欢的方式。正如我们容易被与我们相似的人所吸引一样，对方喜欢和我们交流，我们也乐意和他们畅谈。所以，在试图影响别人的过程中，重要的第一步就是考虑他们喜欢什么样的方式。

学会一人影响多人

通常情况下并不是一个人做决定，你可能需要同时影响好几位不同的利益相关者。如果你要影响的人比较多，就要考虑每一个人的偏好。例如，这个人是不是喜欢客观的逻辑说理？他/她是不是有很强的团队保护意识？是需要大量细节还是整体蓝图？一旦你对他们的偏好有了宏观的了解，就可以开始计划怎样实施了。

用不同方式对待熟人和陌生人

有时候，你要影响的人是你熟悉的人，你就有优势，毕竟，你知道他们的喜好与厌恶。然而，任何关系同样也会背负一些感情包袱，而有时候这种包袱会给你带来阻力。同样的，要影响你完全不认识的人也很困难，但至少你们之间没有发生过什么，所以也就不会有类似以上的阻力可言。

成功与否与准备多少密切相关

贸然地试图影响别人可能事与愿违。在很多情况下，你只有一次影响别人的机会，因此一击命中非常重要。你的第一次尝试会使他人对你和局势的印象发生变化，一次不成功，以后再做尝试就会难上加难。

仔细考虑可能面临的争论或遇到的障碍，计划好怎样应对它们非常重要，与别人针锋相对会使争论变得更激烈，甚或引起过激行为。如果之前你对自己期望的理想结果是什么一清二楚，就会更好地应对这些争论。同时，再想一想，你只是需要影响这一个人，还是另有一个长远的目标，而这个人只是你在前进的道路上需要影响的第一个人而已。

如果有其他人可能试图就同一事件从不同方向影响这位同事或上级，你也要做好准备。你需要考虑怎样质疑或应对他们可能提出的理由。如果对方比你更擅长影响他人或占据更有利的位置，你就需要制定策略来最大化自己的优势，比如说，你提出来的理由、你与要影响的人之间的关系甚或是你与他关系密切的人之间的关系。

审慎选择尝试的时机

找到最佳的时机一举成功地施加影响是再好不过，你要好好考虑一下选择在什么时候什么场合去行动。选择的场合一定要让你们双方都觉得舒服，而时间不能太紧迫。以他们的方便为前提，如果他们想要在自己熟悉的地方和你交谈，那就答应他们。谈话前和谈话过程中都要注意他们的肢体语言和非语言的暗示。如果你发觉他在会谈中带有抵抗的情绪，不妨及时结束谈话，等下一次有更好的机会再做尝试。

通常情况下，你要影响的不只是单个人，而是一个群体，例如，在会议中就是如此。正如古老的格言所说，大多数决策能不能制定出来在开会前就有定论。因此，你往往要提前在私下里去影响需要影响的人。然而，有时候你需要影响和说服一个群体，这时你的说服力要比他们的个人偏好更加重要。你要用一己之力把最令人信服的理由呈现给他们，既要有信心，还要有冲击力。

做应变计划，留选择余地

最后，提前想一想，如果决策不尽如人意，结果会怎样？这个决策对你个人和你的事业有多重要？有时候，即便是失败了，也不代表一切都没有了希望，提前知道这一点会让你略感宽慰。一定要记住，输了一次战斗仍可以赢得整个战争。

微观管理[1]

当你尚处在学习如何做好一份工作的阶段，你的管理者会密切地关注你在做什么以及你是如何做的，这个时候如此的做法或许是比较恰当的。但是随着你的信心与能力不断增强和提高，之前这种支持行为会令你感觉窒息。在这种不必要的微观管理下，很少有人能获得成功。你该怎么说服管理者让他稍作改变，同时又不会因此和他变得疏远？

首先，想一想：

- 你觉得，在你的上司看来，他对你进行微观管理是为了你的利益还是为了他自己的利益？坦诚地评估一下自己的工作方式和绩效，你是否希望在工作中不受微观管理？是否有能力不受微观管理？你能否就此提供一些证据？
- 你的上司管理你的方式和管理其他人的方式是否一样？如果不一样，为什么会不一样？你认为你的上司对你持有什么看法？你希望上司对你的看法是怎样的？
- 你的上司是不是受到任何形式的威胁？他的绩效是如何被

① 微观管理："对细节予以很大或者过度的控制与关注"的管理，管理者透过对被管理者（员工）的密切观察及操控，使被管理者达成管理者所指定的工作。相对于一般管理者只对较小型的工作给予一般的指示，微观管理者会监视及评核每一个步骤。

评估的？他是否也受到了微观的管理？

- 是否有人注意到或评价过你所接受的管理方式？

- 这种管理方式对你产生了怎样的影响？你自己心里有没有更好的管理模式，有没有证据说明这种模式不管是在本企业还是其他地方都会有好的效果？

- 如果想让上司知道你的忧虑，最好的方式是什么？你的上司是否喜欢接受队员的反馈？

行动思路

必须理解背景环境

要解决这个难题，理解背景环境很重要。你的上司管理你的方式与管理其他人的方式是否有很大的区别，这个问题将帮助你了解这是他常用的方式还是只是针对你的方式。有一些上司以微观管理而出名，你可以询问同事看他们是不是和你有同样的感觉。如果你的上司对所有人都这样，那就值得跟其他同事交流，以便找到一个群体解决方案。

这种管理方式会迅速破坏团队的士气并影响团队的绩效。如果你的管理者进入团队的时间相对较短，但至少已经安定下来，并且还在微观管理整个团体，那么你们就有必要进行一次坦诚的、公开的交流。你要和其他队员好好商量一下该提什么反馈以及拿出什么解决方案，另外还要考虑谁将带头进行这次交流，在什么时间、什么地点以及如何进行这次交流这几点也非常重要。

有时候，管理者——特别是受到上层施压的管理者会实施微观管理，其原因并不是因为某个队员或整个团队需要那样的管理，而是因为他感觉自己比较脆弱。这样的情况可能是短期的，也是可以理解的。由于你们是一个团队，你会希望接受这种管理方式来帮助你的上司度过这一时期，即便那种管理方式并不合适。

微观管理有时比较恰当

例如，当新员工刚到工作岗位或正试着为一个项目学习新技能的时候，管理者可能觉得需要密切关注这位员工，而员工也希望得到这种关注。有经验的管理者会在最初选择密切关注新员工，然而，这是暂时的，一旦新员工能胜任工作了，管理者就会自动停止这种管理方式。缺乏经验的管理者可能把这个阶段拖得过久而惹人生厌，这种情况往往是因为他们对自己缺乏信心，并非是对员工缺乏信心。

可靠、客观的建议总是有价值的

向你的导师或信任的同事寻求意见，如果能向那些曾经管理过你的管理者寻求意见，那就最好不过了。你需要先描述自己接受的是怎样的管理，然后询问他们这种方式是否合适。你也可以谈一谈自己更喜欢怎样的管理方式，看看他们对此有什么反馈。有可能是你喜欢自由和授权，别人认为微观管理是适当的，而你认为那是对你的监管。如果最后你们双方都认为你可以获得更好的管理，你们的话题就会转向如何用最好的方式影响你的顶头上司。如果你能清楚地认识到自己更喜欢怎样的管理，也知道自己对接受不同的管理从而改善绩效有什么想法，那么这些在你影响你的管理者时就会发挥巨大作用。

为什么只有你被微观管理

如果你真的是比别人受到更严密的管理，那么就要想一想为什么会是这个样子，其原因不是因为你和管理者的关系出了问题，就是因为你的能力不够。如果你的管理者感觉他需要对你进行微观管理，那说明你们的关系从没有产生过信任或者信任已经消失了。你是否做过什么导致上司对你的信任急剧下降？想一想自己是否可靠、是否与上司保持一致、与上司的沟通是否及时以及自己对上司是否忠诚。如果你断定是信任的问题，就要想办法重新建立上司对你的信任。如果是能力的问题，那你就要弥补差距，向上司证明你能达到要求。解决这两种问题都需要和上司进行沟通，以此提交改正自己不足的计划。

在适当的情况下用命令性的管理风格能够使被管理者感受到支持和鼓励，但在早已不合适的时候还过度使用这一方法就会让人觉得窒息和压抑，想一想原因，然后再采取行动。

阻碍你前进的员工

你知道自己有能力而且别人也信任你，但你受到一些人的阻碍而不得前进，这让你感到非常沮丧。不管原因为何，你还是想实现自己的理想，掌握自己的未来。为此，你不仅要知道谁在阻碍你，还要知道他为什么阻碍你。

首先，想一想：

- 他可能是出于什么原因而阻碍你？
- 谁不得不和此人一起串通来阻碍你——无论是积极地帮助或是消极地袖手旁观？他为什么这样做？
- 你做了什么事情导致这个人不再相信你？
- 如果你实现了自己的目标，你的同事中谁会受益谁会受损？
- 在别人眼中，你是否非常自私自利？他们是不是都知道你野心勃勃？
- 是否有其他人能解释为什么会出现这种情形？在不使问题恶化的情况下，你怎么才能接触到他们中的部分或全部？
- 如果什么都不做会怎么样？采取行动的负面风险是什么？阻碍你的人有什么权力和影响力？
- 你是否能轻而易举地摆脱他对你造成的影响？有没有其他人会更看重你并欢迎你加入他们的团队？

行动思路

仔细审视眼前的局势

企业生活复杂而繁忙，有时候，某些局势事实上可以有一个清楚的解释，但它看起来像是带有人身攻击和目的性。在确定采取行动之前，你必须把所有的可能性都考虑周全。特别是要想一想阻碍你前进的那个人的利益所在。如果不是出于个人利益，为什么会有人要阻碍你？弄清楚别人到底要阻碍你在哪方面前进。

清楚他人的意图及其产生的原因

你首先要决定是否需要做一点什么，这取决于以下几方面因素：你自己受影响的严重程度、你认为阻碍你的人有何权力和影响、自己有何权力和影响力、你应对这些威胁的意志和能力。评估自己的职业能力时要有自知之明，要想一想阻碍你的人会不会是因为想保护你才那样做？比如，与你的能力相比，你是否走得太远太快？在企业里，如果你被看作野心勃勃、自私自利的人，那么你现在遇到的阻碍也并不算太大。做完这些评估，你可能决定无须进一步行动，要考虑清楚这样的决定会对你和你的事业带来什么影响。

制订行动计划

现在你需要考虑自己和这个人在过去有什么交往，他为什么要试图阻碍你？他想从中得到什么？人们有时候会有意无意地阻碍其他人，因为觉得其他人对自己或自己的事业是一种威胁。如果你断定这个人是无意的，你可以选择让他意识到自己的不当行为，并请他考虑可能带来的后果。或者让其他人来帮助你，他们必须是和这个人关系不错且能够对他的行为产生影响的人。

然而，如果你认为这个人是故意的，那就要好好做准备。想一想你想要说什么，预测他可能有什么反应，准备好应对你们的谈话变成对抗的风险。记住，即便是你确信这个人是故意的，你仍然可以争取找到合适的人来帮助你应对这种行为。

你的行为是否导致你们产生了竞争关系

你处理任何关系的态度和方式会带来一定结果，而你必须为这结果负责。简而言之，你可能也是问题产生的部分原因。

比如说，你所处的职业环境过于政治化或充满了政治图谋。如果令你不快的行为在企业里被认为是正常的，那么你就不要奢望能有什么解决办法。

自己受到阻碍会心烦意乱，而心烦意乱的人可能做出糟糕的决定。就你在企业内的能力和信誉向关键的利益相关者寻求反馈意见。如果你有广泛的人际网络，并且在其中颇受欢迎，那么从长远来看，多数人对你能力的意见将盖过那些试图阻碍你的人的观点。这种方法虽然耗时较长，却避免了贸然行动所产生的相关风险。你需要确保多数人都能看到你的努力和成果。退一步来说，如果你努力尝试却未能解决这一问题，或者你认为无法轻易地解决该问题，剩下的选择就是申请调到其他部门甚至是跳槽到其他企业。毕竟，快乐是职业成功的关键因素。

第七章

涉及自己的难题

在职业生涯的某个阶段，每位管理者都会收到比较棘手的反馈。例如，你可能听到关于自己的不利消息，或者有些事你还不想深究，但有些人就抓住那些事不放。成功的管理者能够直面这些棘手的反馈，综合分析它们，并利用它们让自己变得更强大，更优秀。

Challenges for yourself Part 7

管理者面临的一些最大挑战实际上并不是和其他人相关或者与技巧和能力方面的要求相关。这些有形的挑战他们往往都能处理好。对很多管理者来说，最大的挑战是更加无形的，通常都与自我意识相关。有些挑战看起来似乎是直接针对你个人的，并不是以职业的身份发起，而是以个人的名义发起的，对于这样高度私人化的难题，你该怎样做出最佳的回应?

自我意识有助于你应对那些针对你个人本身的难题，因为它让你清楚地明白自己是谁以及在做什么。如果你了解自己，就知道什么是重要的，知道自己喜欢怎样工作以及怎样和别人打交道，知道自己作为个体的优势以及哪些方面还有待改善。能做到如此自知，其他人给你的反馈就很有价值。

如果缺乏自我意识，能用来判定反馈是否正确、是否有用、是否准确的方法就会大大减少。你可能自然而然地选择接收正面的反馈，忽视负面的反馈，而这从长远来看可能对你不是最为有利。

接收棘手的反馈

职业生涯成功的一个关键因素就是愿意听取建设性的反馈，尽管它们听起来令人很不舒服。反馈是很重要的机制，你可以从中学习、成长和发展。在接收反馈方面做得好，表明你成熟，就此也能树立非常好的榜样，进而对团队内部展开开放式对话产生鼓励作用。

首先，想一想：

- 你是否了解自己对建设性、批判性的反馈可能有怎样的反应？是怀有戒心还是持开放态度？
- 在你的团队中，提出具有挑战性的反馈和接收那样的反馈是不是常有的事？在你们的企业里是否也是如此？
- 你是否赞同别人给你的反馈？反馈是谁提供给你的？你是否尊重这个人？此人提供反馈的方式是否符合你的个性以及符合

你喜欢的工作方式?

• 别人想给你提出反馈是否很困难?你怎样做才能让它变简单一点?

• 你会相信并尊重哪些人提供的反馈?你是否会积极地向他们征求意见?

• 这个特殊的批评性反馈是不是对你的职业生涯带来了考验?或者从其他方面来看,该反馈比较严重或者具有局限性?反馈提供者的动机是什么?

• 你在企业内的名声怎么样?在别人眼中你是不是可信和成功的人?

行动思路

谨记:反馈因人而异

有人喜欢别人给他们提供反馈信息并且越多越好,但有人就不大喜欢别人给的反馈,除非提供者是他们非常熟悉或非常尊敬的人。同样,在有些企业里,反馈是企业文化中很盛行的一部分,然而在其他一些企业里,只有在一年一度的绩效考核时(也有可能在其他时候)才难得有一次反馈。要记住一点,人与人、企业与企业之间不尽相同:有的更加正式、保守,有的则比较随意和更加开放;有些个人和企业更为谨慎,而其他的则更加直接。因此,提供反馈信息时一定要考虑具体的接收者和企业文化。

对反馈持开放态度

在接收反馈之前谨记以上差异，你就会对反馈持有更加开放的态度。反馈的提供者也有一定的责任，即要用一种他们认为你最能接受的方式给你提那些比较棘手的反馈。如果他们提供反馈的方式不太恰当，那么要看到反馈的价值就更加困难，但你还是要积极倾听并做出适当的回应。一定要记住，得体地接收棘手的反馈并不等于赞同它们。即使在经过深思熟虑之后，你发现自己并不能完全同意那些反馈，但在接收的时候你还是要表现出和蔼的态度。

根据企业文化、具体情形和接收者确定方式

如果反馈的性质不是很严重，提供者可能选择非正式或即席的方式提出。如果性质很严重，他们可能相应地选择更加正式的方式。如果反馈是非常私人化的，并且有可能完全不被接受，更好的做法就是选取特定的时间和私密的空间。

及时反馈最有效

事情发生几周之后才提供反馈对你和提出者都没有什么好的效果，因为其影响力和相关性早已消失殆尽，荡然无存。当然，管理者的工作日程本来就非常紧张，要抽时间接收下属提供的反馈往往会更难，但是，如果这一点做得好，那就能成为提高绩效和营造积极文化的强有力工具。

一定要清楚反馈可能带来的后果

这个棘手的反馈是关于什么的？如果你在企业里已经建立了良好的名声，而这个反馈只是指出了一些能帮助你进一步提升名声的方法，那么你可以在闲暇之余思考一下具体的建议是什么，或许它对你有所帮助。然而，如果该反馈指出的是有关长远发展的一些极其重要的事情，那么，不管多么不想听，你还是要立即认真思考下一步该做什么。此外，揣测一下你信任的导师或者关系较好的同事对此可能有什么想法，这样也能对你有所帮助。如果该反馈所带来的长期影响对你的职业发展或进步构成阻力，这个反馈就是一个有益的激励，你可以借此机会好好地思考一下自己的工作和工作方式。

请反馈提供者提供背景铺垫

特别是在接收难以处理的反馈时，如果针对要提供的反馈有一些背景铺垫，那么反馈的提供者和接收者都会从中获益。有时候，问问题是促成交换想法的一个好方式，特别是遇到比较沉默寡言、过于警惕或者在人际交流方面有困难的人时，这一方法就特别管用。问问题还有一个巨大的好处，面对具有挑战性的反馈，通过提问，你可以得到更多的细节，从而对问题有更清晰的了解。特别是如果你发现开始自我辩护，自问一些开放式的问题，就能获得一些消解防卫心理的喘息时间，并得到重要的信息和背景知识。

反馈信息跟接收者相关，但也跟反馈的提供者有莫大的关系，如果你发现提供者有什么个人意图，就可能怀疑他们的动机，然而，这并不完全代表反馈就不准确。如果你收到的反馈让你感到不安，你可以和了解自己、了解局势并且是你尊重的人一起讨论一下，看看这个反馈是否有真实性可言。如果那些反馈得到了这些人的确认，你可能会更加认真地予以对待。

回答不上问题

管理者每天都会遇到回答不上问题的局面。现代的商务生活往往会制造出复杂的难题，答案并非是或不是那样简单。因此，有时候遇到提问回答不上来是完全正常的事，重要的是不能让这样的事影响自己的信心。有时候没有完全确定性的答案也纯属正常，其中的关键就是要知道别人期望你知道的东西。

首先，想一想：

- 发问者的期望是什么？他们的期望是否合理？
- 你在发问者以及其他听众中间是否广受欢迎？如果你的回答不完整或不准确，会不会对你的受欢迎程度或信誉造成影响？你是否必须现在就做出回答？
- 认真思考一下自己所处的情形：如果你的回答不够完整，那是为什么？在你看来，回答得不够完整是否得当，能不能被人理解？

● 如果能做完整的回答，但是你决定要隐瞒部分信息，为什么？当别人发现你故意隐瞒信息，会有怎样的后果？是否应该承认有部分信息你不能跟大家分享？

● 思考一下问题本身或者发问本身：它们是不是恰当？发问者有没有可能在提问时怀有什么政治意图或个人意图，或者问题本身是正当的但是发问的原因并不正当？

行动思路

没人能知道一切答案

第一件事，弄清楚你是否应该知道这个问题的答案。很多人看到别人都是信心满满，感觉自己信心全无，其实他们没有认识到其他人到底真的是满怀自信还是虚张声势。在信心这方面，很多人往往就像鸭子滑水，表面上不动声色，暗地里却动作频频拼命地达成目标。

意识到回答不上问题的后果

尽管如此，我们应该承认，对于缺乏自尊心或自我价值感的人来说，如果不知道答案，他们就会感到极度沮丧，通常还会自我怀疑，这样的后果非常严重。对这些人来说，信心是很脆弱的东西，很容易就会破裂。如果你也是这样的人，就需想办法来培养自我价值感和果断的能力，例如，抛弃消极的自我暗示，改为积极的自我暗示；在工作中找一个私人教练；在工作之外做做心理辅导，多读一读相关的书籍。

清楚了解企业背景

如果你刚任此职，或者刚加入企业，有些领域你不太了解，所以不能像有经验的管理者那样能给出非常好的答复，这是可以理解的。在这种情况下，你需要尽快上手，比如，花时间了解企业，了解自己的职责以及别人对你的期望等。一个系统的管理发展干预——甚至可能是某种资格认证等，都可以让你获得知识，进而增添你想要的信心。

即便是有经验的管理者，他们对自己的某部分职责也缺乏认识。虚张声势往往是有风险的。面对一个问题，如果不知道，那就先承认，如果随后能快速找到答案，就会给人留下深刻的印象，这样做总比试图吹嘘自己知道答案要好得多。特别是如果你过去在企业内表现得很好，时不时犯错有可能让同事觉得你更加可信，而不是不再信任你。

有时候，你之所以不知道答案，是因为要想知道答案，就必须综合认识整个团队。如果真是这样，最好的办法就是把该问题放到更大的群体中去讨论。面对提问，你应该言无不尽，或者承认自己没有完整的答案与解决方案，或者因为你自己并不知道完整的答案而完全不回答，你需要知道这其中哪个方法对你和你的团队实现目标最有帮助。

不能总是知无不言

有时候，你能回答某个问题，但是你感觉那样做并不妥当，其原因可能是涉及商业秘密，或者有人曾向你透漏了相关信息，你必须保护他。如果你确定不做回答比较妥当，那就必须说明你知道答案，但是选择不做回答，并解释清楚其中的原因。还有些时候，有人问的问题太大或者充满不确定性，你没有能力作答。尽管人们期望管理者无所不知，但是，回答“我不知道”或“关于那件事我还没有什么想法”也是可以的。例如，经常有人请管理者对未来做预测，明智的管理者知道不能做任何预测。对管理者来说，一个关键的技能就是要知道自己应不应该知道所问问题的答案。

过失和错误决策

管理者接触的人非常多，有的人受管理者影响，有的人影响管理者。因此，管理者犯的错误会牵涉一些人，并影响一大部分人。俗话说，人无完人。那么，你会怎样处理自己的错误决策或者过失产生的后果?

首先，想一想：

- 你犯的错误到底有多么严重？是不是对业务来说比较关键？有多少人受到影响？能否挽回？

- 错误的决策是否给公共领域造成了影响？
- 有多少人参与了这个决策过程？
- 错误的决策为什么会被制定出来？是决策程序存在缺陷，还是因为决策本身就是错误的？
- 为避免将来不再犯同样的错误，你能从这个错误的决策程序中汲取什么经验？以前是否也做过类似错误的决策？是否在特定的时间你的判断会出错，或者你犯错的方式也有一定的模式？
- 你认为自己在决策过程中扮演了怎样的角色？这对你的自信是否产生影响？
- 一旦错误公诸于世，所有人都会了解你的角色，你个人会承担怎样的后果？
- 你是否仔细思考过自己的过失让别人知道后有什么好处和坏处？你会把自己的过失透露给哪些人？

行动思路

人人都犯错

有一点非常重要，我们都必须承认，那就是，我们都是人，犯错在所难免。成功的管理者能够从错误中汲取教训，能够不再犯同样的错误，并且原谅自己和所牵涉到的其他人。

确定错误可能有多严重

如果我们接受人人都犯错的事实，之后就要这样思考：这次错误造成了多大的影响，过去所做的错误决策都是什么类型的？你需要确定这次错误造成的影响是意义比较深远还是给业务造成了巨大的损失。此外，要理解这次错误产生的原因，它是你经常犯的典型错误，还是其中有一些新的东西需要你去学习？

出错之后你必须做什么

一旦你想到了自己的错误决策将造成的不良后果，你就有必要采取行动，错误越严重，越要快速坦白承认。大部分错误都会很快被发现，当别人已经清楚是你犯了错误但你没有坦白，那么你会遭受更大的挫折甚至会给企业带来损失，还不如尽早坦白所犯的错误。如果这次错误跟你以前常犯的类型一样，除了承认错误，还必须采取行动确保以后不会再犯。经常犯同样的错误，不管大错还是小错，你招致的愤怒和怨恨肯定越积越多，所以一定要为此做好准备。如果错误没有影响到其他人，他们可能比较容易接受，但是一旦他们也受其影响，难免会心生怨愤。

不要急于承担所有的责难

很多的过失或错误的决策都是一些人共同造成的。在复杂的职场中，所有的决策从来都不可能是单个人做出来的：同事、客户还有直接下属都对决策或者决策背后的思考有贡献。作为管理者，即使你本人并没有参与错误的决策或核准该决策，你还是要为队员所犯的错误负责。

向企业承认错误的时候，你同时要提出改正错误的办法以及分析错误造成的影响。你要能够清楚地说明发生了什么事，为什么发生以及改正错误的办法，甚至在面对愤怒的批评时，不要尝试反驳，但同样也不要贸然充当牺牲品。

确定如何根除再犯同类错误的隐患

在回顾该错误或决策时，必须把导致犯错的流程和你那时做的选择区分开来。你必须明白，到底是流程存在缺陷导致你做出错误选择，还是程序本身没问题，但你还是做出了错误的选择。不做这样的分析，你就不能确定要解决的问题是什么以及哪方面要做改变。

相对于那些导致业务不达标的大错，更常见的是会造成短期影响或影响有限的过失或错误的决策。通常，这类错误必须得到解决，但并不需要把它们报告给企业，需要的是迅速的补救措施，即说服团队和你周围其他的人，让他们知道你已经发现并认识了每个人都不可避免会犯的错误并能够处理好它们。

重建信任

如果你做了错误的判断，其部分影响可能就是别人对你的信任会丢失。你要具体分析每个错误会如何影响别人对你的信任，然后决定如何最好地把影响降到最低。犯错误可能导致别人认为你能力不够或不值得信赖，但是掩盖错误在别人看来就是明显的自私自利行为，所有这些印象都会影响别人对你的信任程度。这里的要点是，错误的判断所造成的影响可能不只会影响业务，还会影响到你的个人品牌问题，信任的建立来之不易，丧失却轻而易举。

高情商的管理者能够认识到自己犯的错误并处理好，不会让它们影响到自己的自信、自尊或者别人对他们的信任。每位管理者必须在傲慢和过度谦虚两者之间把握好分寸。到底是对自己的错误直言不讳，还是在众目睽睽之下试图掩盖自己的错误，其中的分寸尤其要拿捏好。如果你能处理并改正自己的错误，通常来说就不需要向别人承认你的过失，但是，从错误中汲取教训永远是有必要的。

感觉不能胜任工作

我们每个人都会感觉自己比别人更能胜任某些方面的工作，但也应该认识到自己是否存在什么比较危险的缺点或者可容许的缺点[①]。要判断自己到底是不是真的不能胜任工作，关键在于判断你哪方面的差距对业务最关键、哪方面的差距是经验不足所致，以及哪方面的差距可以通过其他人的技术或能力得到弥补。

首先，想一想：

- 你感觉自己的不足在哪里？它们对你的角色来说是否很关

① 可容许的缺点：在合理的情况下，一些缺点并不会对团队造成麻烦，所以叫作“可容许的缺点”。

键？是不是因为自己经验不足所以感觉不能胜任工作？

● 与过去相比，你现在的工作是否提出了新的要求？是不是有一些领域过去接触得甚少，但现在你被要求在这些领域里做得更好？

● 你是怎样注意到这一点的？有没有收到相关的反馈？你是否同意那些反馈？

● 身边是否还有其他什么事情也发生了改变？是否有了新的上司、新的队员或者新的责任？是否经历了重大的个人变动或企业变动？

● 你的自卑是不是影响了对自己能力的判断？

● 在你的角色中，你是否尤其胜任某些方面的工作？这一点是不是突出了你在其他方面的弱点？

行动思路

别把标准设得高不可及

有时候，如果觉得自己不能胜任将要着手的工作，我们就会悠然升起一种脆弱感。实际上，任何人不可能都是全能的，也不可能把复杂管理工作的方方面面都做到极致。很多人都患有“冒充者综合征”①，他们感觉自己能力不足，肯定会被别人发现和识破。

---

① 冒充者综合征：也被称为自我能力否定倾向，具有这种倾向的人往往是一些很成功的人，但他们对自己的成功心存怀疑，认为自己不是靠能力取得成功，感觉是在欺骗他人，就像是一个冒名顶替者。

有些管理者为此默默忍受，有些管理者则向同事坦白，因而能从他们那里得到支持并且和他们建立起友谊。

此时应该在严格的自我分析（这是好事）和感觉自己不称职（这有可能影响你的绩效）这两者之间做好平衡。每个角色其实都有业务关键的方面和“可有可无”的元素。经过仔细思考，你发现自己的角色中最重要的方面需要多加注意，也就从中认识到了极具价值的东西，然后依照其采取行动。另外，如果你缺少的是可有可无的东西，应该记住，管理者的职能之一就是利用一切可用资源以保证所有的事达到最高标准，为了实现这样的目标，你可以选择提升自己的技能或借用其他队员的技能。你可能发现，加入一个职业社交网络或者接受合适的职业发展培训能帮你解决工作中需要改善的问题。

知道如何处理反馈

有时候，感觉自己不能胜任工作是因为收到了其他人给你的反馈。除去反馈提供者本身做的最大努力这一因素，通常情况下，反馈之所以会导致你对胜任工作失去信心，要么是因为你自己不够自信，要么是因为感觉到了自己技能缺乏。如果提供者是你尊重的人，并且你非常重视他的反馈，那么你就需要解决所听到的问题。

实事求是地设定职能角色

不熟悉工作角色是导致你认为自己不能胜任工作的一个关键

原因。如果你刚担任此职，特别是如果加入这个企业不久，你可能仅仅因为这里做事方法不同或者人们对你期望不同而失去信心。很多人发现，新任职或入新企业的前六个月里要学习的东西很多，在此期间，你肯定不够自信，具体的表现就是你会认为自己不能胜任工作。当然，经验不足和感觉不能胜任工作两者之间还是有着细微的区别。在很多职位角色中，没有什么东西能替代从业时间。你可能发现，和年长者或更有经验的人坚定地辩论是很难的。在这两种情况中，让你感觉不舒服的原因并不是自己能力不够，根本在于缺乏经验。解决这个问题最好的办法就是增强自信，向教练或导师征求意见就会获益良多。毫无疑问，在你想要有所提升的方面肯定有人表现得非常优秀。通过观看其他“专家”如何工作可以给你提供灵感并激发你找到属于自己的方法。最终，你自己的经验越积越多，“我早已经历过”的自信就会建立起来。

认识变革对自身的影响

政治、社会、经济、技术的变革速度非常快，工作可能在很短的时间内变得面目全非，所以，眼下的关键是要把不能胜任工作和陷入变革浪潮这两者区分开，后者要求你灵活变通并做好准备以适应新技能和新技术以及掌握它们。大变革让我们大部分人心神不定，措手不及，进而感觉自己不能胜任工作。最优秀的管理者能克服这些情绪，采取必要的步骤提升实力去接受变革，并从中获得成功。

还要放眼看一看周围有没有发生其他什么改变。一些生活中的重大变化，比如出生、结婚、死亡和离婚等都会改变人们对自己能否胜任工作的判断。不管是什么原因，你都有可能因此感觉自己非常脆弱或者筋疲力尽。无论是什么样的情绪状态，最终的结果就是不知所措，进而感觉工作不能达到自己满意的标准。

遇到新队员、新上司或者刁难的同事或客户，所有的平衡都会被打破，你就会感觉自己处在风口浪尖上。如果上级或同事给你的支持力度下降或者给你的积极反馈减少，你也会因此感到不安。工作中不断发生的变化会带来不平衡感，这反过来又会让你感觉自己达不到工作职责的要求。不幸的是，现在世界商业圈的要求变得越来越高，变化也越来越频繁，不再像以前那样非常稳定，变才是大势所趋。

一旦认识到自己出现了不能胜任工作的感觉，首要一步就是分析为什么会出现这种状况。要做这样的分析，你需考虑一下自己身边发生了什么变化。在认识到大部分人都会产生这种念头的事实后，保持客观，要清楚地知道自己给团队带来了什么优势，因为自尊心就是通过给自己输入正面信息而建立起来的。感觉不能胜任工作总比真的不能胜任工作要好一点。要解决这样的问题，最重要的就是填补能力不足的缺口，并着重培养自己的自尊心。

管理中的孤独感

职业阶梯爬得越高，管理者就越感觉孤独。管理涉及对其他人行使权力，这自然就改变了管理者和被管理者的关系。职位越高，管理者的权力越大，而权力越大，它对那些关系的影响力也就越大。

首先，想一想：

- 你是否需要在工作中和其他人建立亲密的关系？如果需要，那么他们必须从你管理的人员中挑选吗？其他的同事可以吗？
- 是不是最近才感受到这种孤独感？是否最近刚好你的工作角色或责任发生了变化？
- 你怀念的是什么：向其他人寻求意见？身边热热闹闹的感觉？归属感和参与感？还是有人告诉你身边发生的事情？在过去谁会满足你这些愿望，或者什么能满足你这些愿望？
- 你认为自己在工作中和团队里是否与他人保持着良好的沟通？团队中有没有归属感和互助友爱的氛围？在工作中你嫉妒的人是谁，或者你嫉妒哪种局面？
- 在工作之外是否感觉孤独？
- 这种孤独感对你的绩效有什么影响？别人是否感觉到了你的这种感受？

行动思路

批判性地审视孤独感

孤独是一个重要但又模糊的概念。你首先要想一想是什么让你感觉孤独。你怀念的是什么？你认为自己失去了什么？需要更换的是什么？这样的思考可以帮助你对自己的孤独感有一个具体的理解，从而采取步骤逐个处理导致你感觉孤独的原因。

如果你最近才感觉到孤独，或者可以确定具体的开始时间，那就去查看一下那个时候有什么事情发生了变化。可能是有新人加入了你的团队，或者你非常信任的人离开了团队，所以团队的活力发生了改变，也有可能是企业框架或结构发生了变化，还有可能是你的家中发生了什么变化。试着把那些导致你感觉越来越孤独的变化找出来，这样你就能决定如何最好地处理那种孤独感。

特别是如果你是从企业内部提拔上来的，那些前队友和你之间的关系就变成了管理者和直接下属的关系，这种关系变得更正式，更具组织性。你脱离了团队，没有了队友，现在，你知道一些事情但不能跟前队友分享，他们知道的一些事也不愿跟你分享。不管是对管理者来说，还是对那些队员来说，这种转变都是比较难以适应的。

了解别人是如何看待你的

随着职业生涯的发展，你要认识到，职位越高，拥有的权力越大，你对企业中其他人的生活就越显重要。同时，权力越大，那些直接隶属于你的员工在你们亲密的交往中就会越感觉不自在，即使是那些不直接隶属于你的员工也会畏惧你在企业中所拥有的权力。

要认识到自己的角色可能是孤独的源头

即使不是从团队内部提拔上来的，每位管理者在职业生涯发展到某个程度时也会感受到这种孤独感和孤立感。假如你不够认真仔细，你可以信任并能对其敞开心扉的朋友就会越来越少。要改变当前的局势，诀窍在于从其他不同的地方寻找朋友，例如和企业内部其他的管理者交朋友，而不要和直接隶属于你的员工交朋友。你会发现，或许其他的管理者也和你一样感觉被孤立了。管理者之间的这种共鸣通常足以让他们借此建立感情，并且随着时间的发展，你们都会逐渐珍视这种友谊。

和队员建立务实的关系

众所周知，管理者和他们管理的团队及其队员建立良好的关系非常重要，但要记住的是，管理者和团队或者队员之间的关系与队员和队员之间的关系是有区别的。这并非说就不用建立积极的团队文化了，相反，建立积极的团队文化，让所有的人，包括你在内，都能感受到参与感、归属感以及被重视感，这样做是有必要的，并且也很重要。管理者不能有亲信，不能排挤他人，不能八卦，不能只跟一部分人分享信息而忘记其他人。如果你犯了以上任何一戒，马上就会发现自己失去了部分队员甚至失去所有队员对你的信任和尊重，如此，你必然就被孤立了，孤独感很有可能随之袭来。因此，管理者需要做到开放、坦诚，但行为上要始终符合自己的职业身份。

记得创造并保持工作与生活的平衡

你全身心投入到自己的事业里，但不能在工作之外不再和朋友联系。努力和那些喜欢你、喜欢你企业的人多联系，也要和向你一样的专业管理人士建立并保持朋友关系。这样的朋友能理解你的压力，他们自己也面临同样的遭遇，所以更能支持你，并提供客观的建议，他们对你来说可谓是非常宝贵的财富。这种关系同样也是互惠的，你从他们那里得到多少帮助，他们也会从你那里得到同样的回报。

在工作中，你的导师此时会发挥重要的作用。他不一定要成为你的朋友——尽管你的导师往往都会成为你的朋友，但他们一定会做你的倾听者并给你提供建议。

认识并接受自己对友情的需求程度

我们每个人对友情的需求程度各有不同。有的人在生活中需要很多朋友，其他人则是朋友寥寥数人，却相交甚深。不管你有哪种需求，只要需求得不到满足，就会感觉孤独和孤立。如果你在工作之中和工作之外都有这种感觉，或许应该考虑改变自己的生活方式，以便有更多的机会去结识那些你喜欢和尊重的人并与他们建立友谊。要记住，如果你想被别人接纳，就要首先接纳别人，毕竟，关系是相互的。

权威和能力受质疑

我们没有人喜欢自己的权威或者能力受到质疑。了解类似质疑的动机，可以使你有个大概的应对思路。对于这类质疑，置之不理是不可取的。

首先，想一想：

- 质疑的背后是否可能存在合理的理由？
- 提出质疑的人是谁？是同事、队员，还是你的上级，又或是企业外的人士？
- 提出质疑的是你尊重的人吗？他们是出于私利，还是认为如果团队要实现目标，这样的质疑就必不可少？
- 团队或企业是否处在极其困难的时期？在此期间人们的情绪是否很不稳定？
- 目前为止，你对质疑做出了怎样的回应？
- 你在团队中处于什么样的地位？在整个企业中又如何？
- 你遭受的质疑方式是怎样的？是私下的谈话，还是在团队面前公开的诘问？
- 你有没有可能过度解读了当前的情况？

行动思路

品味公平的质疑

对管理人员这一角色本身来说，遭遇合理的质疑是很正常的，并且质疑对你的团队也是有益处的，因此，你的首要任务就是确定这个质疑是否合理。受到质疑时，你将需要应对目前以来最艰难的一连串复杂事件。如果对你提出质疑的是一位权威人士或你尊敬的人，或者他是私下里谨慎告诉你的，那么你会用一种方式去应对；如果质疑是公开提出或附带有秘密意图，那么你就会以另一种方式应对。

这或许会很困难，但你必须把自己遭受质疑的感受与质疑本身的合理性区分开来。姑且不说你是如何受到质疑的，如果质疑者有合乎逻辑的道理（其他人也可以领会到这一点），那么你一定要接受质疑者所讲的，然后再认真思量。你需要对质疑做出回应，要么接受批评并同意做出改变，要么提出反对意见并给出你认为不合理的理由。依据质疑本身的性质来看，或许只有找到解决方案，一切才能回归正常。

区分公开的质疑与私下的质疑

一般来说，与公开提出的质疑相比，私下提出的质疑很少出自政治目的，更有可能是出自真诚的关心。那些通过第三者或者散播小道消息而质疑你权威的人，一般是阴险狡猾的，没有勇气面对你，或是完全出于政治阴谋。如果你怀疑这样的事情正在发生，就应该收集证据，然后在私下会谈时与之对证。如果你能使人们鼓励其他人指正此人暗地里给你抹黑的小动作，那么你在对证中的地位将更加有利。你可以并且应该坚定立场，因为这种行为会像毒气一样迅速扩散，很快就会削弱你的权威甚至破坏整个团队的文化。

仔细考虑质疑提出的背景

背景是极其重要的。他们对你的权威或能力的质疑一定是基于对诸多因素的考虑而提出的，比如，你在团队或者企业内的地位，你的威望以及经验水平等。挑战你的人或许是觊觎你的工作或者对你怀恨在心，抑或是团队的新成员，认为你可以被替代。在这里，重要的是分析你所处的特定环境，从而对当前的质疑有一个总体的把握。

有时候，对你权威和能力的质疑更多的是一种不满、失望或不悦的信号，而这种信号通常发生在时局动荡混乱、情况发生突变，以及商业或经济备受压力的背景下。要对这些信号敏感，并确保你所着手的是问题的根本原因，而不是仅仅关注于信号本身。

如果对你提出质疑的人在企业里比你地位高，那么你必须首先思考自己为什么会被质疑。你是否对别人造成了威胁？他是否想让自己的支持者来代替你的职位？他的声望是否在一定程度上取决于你的绩效表现？总的来说，在这些质疑的背后都有着具体的缘由，尽管偶尔只是因为有人过于倔强，认为此类行为对他们来说是再正常不过的。理解质疑背后的原因会帮助你制订最佳应对方案。如果你在企业内有许多颇具影响力的人脉，并且他们能够支持你的话，务必和他们交流一下。你的上司也可能有能力支持你，但在接触他/她之前，你必须确保这一质疑不会触及他/她的实际利益。

区别对待外部的质疑

对于来自外部（客户、顾客或供应商）的质疑，处理方式应该有所不同。对于质疑起因的了解仍然是十分重要的：他们是否对你的立场有所担忧？是否认为你的立场对他们的业务或预算会产生什么不利的影响？他们与你的前任是否有特殊的紧密关系？他们现在是否更愿意让另外一个人担任你目前的职务？你现在所面临的难题是：当质疑者为企业带来业务时，他们的政治意图就变得更为公开，更为重要。资深的职员可能更快融入其中，并且会优先处理业务遭受的影响，而不是你遭受的影响。在这种情况下，当你考虑如何最好地应对质疑时，你需要不断思考自己可能得到的支持有多少。外部质疑的总体效应在于，不管其本身是否有效，在他们面前你会显得无能为力。

判断是否有长期诋毁你的意图

并非每一次的质疑都只含有你所看到的单一事件。通常，有些人会试图采取不易察觉的，甚至是狡诈的手段来诋毁你的职位或能力，并且这种诋毁会持续很长一段时间。这种质疑更难应对，其原因在于，其他人并没有意识到这种持久的、不易察觉的攻击，如果你采取应对措施，就会面临为自己辩白以及反应过度的嫌疑。因此，只要你对小事处理不当，他们就会抓住把柄。

对于这种情形，最佳选择就是和你认为诋毁你的人私下谈一谈。你要确保自己为此准备了足够的事例，向对方表明你已经对现在的情形了如指掌，并且坚决要求对方停止此类行为。如果这种方法不奏效，那么你就剩下两个选择：要么向上级反映，让更多的资深管理者参与进来，要么尽最大可能做好准备迎接日后谈话中暴风骤雨般的打击。在这些谈话中，你的反应必须让人感觉既坚定又公正，说话要既自信而又专业，力争避免谈话变成一场个人之间的口水战。

不要逃避

我们这里谈论的质疑是管理者职业生涯中难免会遇到的。面对它们，你需要勇气、适应力并且不要计较面子。对你来说，最重要的是要了解提出质疑的背景及其动机，这样会帮助你找到最恰当的方式来处理面临的处境。

请求升职加薪

管理者常常认为不应该必须通过请求的方式来得到升职加薪，自己的工作本身就足以说明问题，如果工作出色，自然而然就能得到嘉奖和认可，不是一味的请求就能如愿。虽然如此，有头脑的管理者也会认为，对于自己的职业发展，他们和上司承担着一样的责任。

首先，想一想：

- 针对这个请求，你是否有强有力的业务个案做支持？这些个案是否能与你希望得到的职位所要求的绩效和成就相匹配？
- 企业的制度是什么？是否明晰？能否得到贯彻执行？
- 企业是不是自由市场经济体？你自身价值的展现以及获得属于自己的价值是否由自己决定？同样的角色在其他企业中的价值又是怎样的？
- 谁是最终的决策者？是你的上司还是整个团队的人？你已经得到了谁的支持？
- 对于自己想实现的目标，你是否足够坚定，足够自信？
- 如果升职加薪的请求没有实现，会有怎样的后果？团队内部的人会怎样看你？你自己对这一结果又有何感想？
- 考虑管理层的处境：满足你的请求是否会开启先例或者招致更多人提出要求？

行动思路

准备是关键

你必须持有一个周到的、合乎情理的业务个案，它必须清晰明了，甚至是无懈可击。业务案例不能仅以自身志向或者自我价值为基础，还要体现其他的东西。你也必须考虑上级可能的立场和反应。有时候，无论升职加薪对你来说是多么理所当然，资金和职位就是无法得到，其原因在于上级必须考虑他们答应你的任何请求可能对企业其他人员产生什么影响。

如果你决定在会议中讨论自己升职加薪的事宜，那就必须制订好计划，既要明白自己想要的是什么，还要准备好应该怎样去争取它。同时做最好的打算和最坏的打算。最重要的是，不要以辞职作为威胁，除非你真有这个打算，因为你可能面对的最好情况是请求被接受，但他们会产生挥之不去的反感，而最坏的情况是，他们真的让你卷铺盖走人。

提请求，不是提要求

通常，要展开薪酬、职位方面的会谈，最好的方法就是首先询问企业对你个人、职业发展以及发展潜质有什么看法。也许你想要的即将就要来临，与其现在提出要求，不如等待它的到来。同样的，对于你的职业发展，如果企业所持的观点与你自身的观点相悖，你会发现升职加薪的请求是徒劳无功的，下定决心，另找一家欣赏你才能的企业才是上策。

许多企业对于薪酬级别都有着明确的、可衡量的细则，能不能得到更高级别的薪酬则会由一个小组去评估。在这类企业中，程序规章正式明确，任何企图违背制度的行为都不会得逞。在小企业或非正式的企业里，请求自己应得的东西是可以的，因为企业还没有形成结构化的体系，但如果你的企业已经拥有结构化体系了，要争取自己想得到的东西，你需要拥有更好的影响力和谈判技能；对一些管理者来说，如何做到这一点也是极具压力的。

区分奖励和责任

请记住，请求加薪与请求承担更多责任两者之间是有区别的。同样的薪水冠以新的头衔或者新的责任是管理层更愿意接受的提议。或许你可以事先和他们达成协议，同意任职半年后再考虑薪水的调整问题。一旦你在新角色中证明了自己的能力，那么加薪的请求自然会更容易被接受。

寻求支持

为给你的加薪请求提供其他个案支持，你可以求助于那些已准备好声援你事业的资深人员。能在这次会议上有话语权并让其他部门的领导相信你的个案是值得肯定的，他们就是重要的影响力人物。在开会之前，如果这些拥护者能代表你和评审小组成员私下里聊一聊，那效果就更好了。反之，如果你发现自己很难动员这样的资深职员为你说话，有可能是你的个案并非你想象中那么有力。

要记住，未能如愿时，请不要草率行事。一定要保持镇静，企业没必要知道你正在仔细考虑自己的处境和抉择。你可以一边在企业内其他部门或企业外寻求职业机会，一边一如既往地工作。

作为一个糟糕的失意者，特别是向别人抱怨自己遭遇的失意者，不仅不会得到决策者的尊重，甚至会毁掉自己日后成功的机遇。如果你感觉自己很有可能因失败而离开企业，应该提前把一些事情安排好，或者优雅地接受管理层的决议并寻求新的职位。所有这些全由你自己决定。

没有把握时，请求前要三思

如果升职加薪的请求提得适当，它就不会让人感觉极不愉快。最理想的情况是，在进入会谈之前，你胜券在握。最糟糕的情况是，在会谈结束后，你清醒地认识到，为了升职加薪，你还需要在哪些方面提升以及如何提升。试着围绕这些给自己制定一个时间表，为实现商定好的目标达成一个协议，这样你很快就会得到加薪和（或）升职的机会。

“今年我推荐大家读一本欧洲两位作者的新书，叫做《史上最简单的问题解决手册》。这是一本工具书，很有意思，大家可以看看。……”

——万达董事长王健林

51个最佳思考模型
+51幅图示，
最简单实用的工具书，
切中要害的问题解决手册，
帮助你知己知彼，
解决生活中的各种挑战。

作者：麦克·克罗格鲁斯　罗曼·塞普勒
出版时间：2013年1月
出版社：中国青年出版社
ISBN：9787515310961

管理大师经典系列

《麻省理工斯隆商学院过程咨询课 I 》

Process Consultation: Lessons for Managers and Consultants

作者 :【 美 】埃德加 · 沙因（ Edgar H. Schein ）

定价：33.00 元　　　　出版日期：2013 年 6 月

内容简介：此书是组织发展领域一部里程碑式的著作，被无数企业的管理者、咨询顾问奉为必读的“圣经”。在这本启示性的著作里，管理大师埃德加·沙因开创性地提出了“过程咨询”的概念，即“为个人、团队、组织和社区提供帮助过程中所用的一套理论和态度”。作者在书中列举了大量实例，并且针对管理者和顾问提供了具体而实用的建议。此书旨在重申过程咨询在企业管理中的可行性，介绍过程咨询的新思路，为各行各业的管理者、咨询顾问提供新方法，有效诊断和解决现代组织所面临的重要问题。

《麻省理工斯隆商学院过程咨询课 II 》

Process Consultation Revisited: Building the Helping Relationship

作者 :【 美 】埃德加 · 沙因（ Edgar H. Schein ）

定价：39.00 元　　　　出版日期：2013 年 6 月

内容简介：过程咨询指的是在为个人、团队、组织和社区提供帮助过程中所用到的一套理论和态度。此书为各种帮助过程提供了一个统一的模型，它不光是写给企业管理者和组织发展顾问，还是为给所有想提供帮助、解决问题的各领域、各行业人士以方法上的具体指导。作者根据他自己四十多年的咨询工作经历写就此书，任何人，如管理者、治疗师、社会工作者、学校辅导员、教练、家长和朋友，都能通过这一模型找到一组有用的方法和指南，所以此书也堪称迄今为止在管理学过程咨询领域素材最丰沛、内容最全面、最容易被理解和掌握的经典作品。

《佩珀代因商学院战略变革课：组织发展如何创造可持续竞争优势》

Integrated Strategic Change: How OD Builds Competitive Advantage

作者：【美】克里斯托弗·G·沃利（Christopher G. Worley）、
【美】戴维·E·海池因（David E. Hitchin）、
【美】沃尔特·L·罗斯（Walter L. Ross）

定价：29.00 元　　出版日期：2013 年 6 月

内容简介：此书主要研究怎样通过整合战略变革来提高公司的绩效和效率。目前有很多关于如何管理组织现有的战略方向的研究，但是却缺乏对变革时机和方法的研究及相关实践。此书通过29个经典案例，详细解说整合战略变革的四大步骤，帮助管理者决定在何时用什么样的方法来改变公司的战略方向。这个战略方向是能够帮助企业达成目标的一整套战略、结构及流程，它能使公司得到整体的提升，并获得可持续的竞争优势。

《哥伦比亚大学组织发展课》

Organization Development: A Process of Learning and Changing

作者：【美】W·沃纳·伯克（W·Warner Burke）

定价：33.00 元　　出版日期：2013 年 6 月

内容简介：此书介绍了组织发展学科的最新情况，是专门为经理人员、行政人员、管理者、实践者和学生而写的，它对于组织发展特别是学习和变革的重要性进行了深入思考。作者将组织发展作为组织文化的变革进行探讨，除了研究组织发展现状，阐述这一学科的来龙去脉外，还通过多个案例，介绍了组织发展实践的基本特点，以及组织发展实践者进行变革的基本模型，充分解释了作者对于组织和变革的观点，以便读者能更加深入地理解涉及组织中领导和管理变革的原则和实践。此书对判断组织变革如何发展、如何开展等问题具有重要的指导意义。

沃顿商学院创新课：凭借创新实力获得加速增长

ISBN：9787515326108

著者：【美】乔治·S. 戴伊

译者：刘文琴

出版时间：2014.9

出版社：中国青年出版社

内容简介

为什么诺基亚在新兴的智能手机市场上节节败退，而苹果iPhone手机则成为了这个时代最标致性的代表？

为什么乐高进军视频游戏、影视和主题公园却面临破产，而回归传统游戏却成就了一个领先创新的公司？

为什么亚马逊能够成功通过大数据满足客户需求，提供便捷的Kindle阅读体验，让用户锲而不舍地使用和追随？

因为创新，智慧的创新！

大多数管理团队都在为达成公司的宏伟增长目标而苦苦挣扎，因为它们面对的是缓慢的增长。IBM、耐克、乐高、美国运通、亚马逊和三星这些增长领跑公司的创新和增长到底来自哪里？本书介绍了如何通过不断积累的创新实力，实现企业的加速增长。

沃顿商学院乔治·戴伊教授是创新界的领军人物，他精心设计了一套丰富且充满创意的战略，通过创新促进有机增长，并运用大量新鲜的案例支撑创新增长的新观点。作者还向管理者们介绍了如何制定切实的增长战略，从14条增长路径中寻找最佳机遇。通过本书介绍的战略和方法，商业领袖们便可以打造一个经得起考验、全面的战略，推动公司年复一年的有机增长。